Recettes simples de la cuisine
française avec une marmite

건강한 요리, 우아한 식탁

프랑스 가정식
조림요리

부드럽고 농후한 맛의
프랑스식 조림요리 65

우에다 쥰코 지음   김진아 옮김

Introduction
조림 요리 = 오랜 시간 보글보글 끓이는 요리, 그렇게 생각하시나요?

프랑스인이 아주 사랑하는 요리 중에 '가벼운 조림 요리'가 있습니다. 종류도 많고, 조리법도 매우 간단해요. 고기나 생선을 구웠다가 꺼내고, 와인으로 졸인 국물에 재료를 다시 넣어 가볍게 졸이기만 하는 방식으로 요리하지요. 식재료에 따라서 다르지만, 대부분의 요리가 10분 정도 졸이면 완성입니다.

지글지글 보글보글 푹 끓이며 조려서 재료를 부드럽게 풀어주고, 수프도 농후하게 졸이는 요리(비프스튜 같은 것)만이 진정한 조림 요리라고 생각했던 저에게 있어, 이러한 '가벼운 조림 요리'는 놀라운 조리법이었습니다. 그리고 프랑스인으로부터 이 조리법은 재료가 '익기 시작했을 때'가 맛의 비결이라는 것을 배웠습니다. 특히 우리가 일상적으로 쓰는 닭고기, 돼지고기, 생선은 오래 조리게 되면 퍼석거리고, 자칫 육수를 우리고 찌꺼기만 남은 것처럼 변하기가 십상이지요. 네, 다시 말해서 '갓 익기 시작한 상태 + 푹 조린 소스 국물'로 완성하는 '가벼운 조림 요리'가 가장 좋은 상태라는 뜻입니다.

'가벼운 조림 요리'는 크게 세 가지로 나닙니다.
크림 맛이 나는 흰 조림은 '프리카세'.
국물이 많은 조림은 '수프'.
그 이외는 '소테'입니다.
'소테'라는 말은 '볶은 요리'라는 의미로 볼 때가 많은데, 프랑스에서는 구운 후에 가볍게 조리는 것을 뜻합니다.

이 세 가지 조리법을 알면, 매일 접하는 식탁이 더욱 풍성해질 거예요. 맛도 물론이지만, 하나의 도구만을 써서 단시간에 재빨리 요리할 수 있는 데다 간단하기까지 합니다. 미리 잔뜩 만들어둘 수 있어, 바빠서 식사 시간이 다른 가족이 있어도 안심입니다.
우리 식탁에서도 프랑스의 '가벼운 조림 요리'가 사랑받길 바랍니다.

우에다 쥰코

Sauté
추억의 소테
「돼지고기 샤퀴트리」

(만드는 법 P.022)

소테라는 요리가 볶는 것이 아니라 가벼운 조림 요리임을 알게 된 계기가 바로 '돼지고기 샤퀴트리'였습니다. 샤퀴티에는 햄, 소시지, 파테 등 돼지고기 가공품(샤퀴트리)을 만드는 장인을 가리키는 단어인데, 그들이 쉽게 구할 수 있는 코르니숑(작은 오이로 만든 피클)이나 머스터드 등과 돼지고기로 만든 가벼운 조림이 바로 이 요리의 시작이라고 합니다. 프랑스의 샤퀴트리에서 일했던 제게는 아주 그리운 맛이지요. 심플한 토마토소스에 코르니숑과 머스터드의 산미가 더해져 맛의 깊이가 한층 깊어지고, 가볍게 조려서 감칠맛이 더욱 겹겹이 쌓입니다. 간단하면서도 돼지고기를 맛있게 먹을 수 있는 기분 좋은 요리에요.

fricassée
하얀 조림
「해산물 프리카세」

(만드는 법 P.066)

어릴 때부터 좋아했던 크림 조림. 어른이 되어 프랑스에서 처음으로 먹었을 때, 지금까지 맛본 적 없는 그 깊이감에 깜짝 놀랐습니다. 이것저것 알아보니 베이스로 화이트 와인의 맛이 숨어 있다는 것, 그 베이스에 생크림을 넣어 조리기 때문에 그 맛이 살아난다는 것을 알게 됐지요. 그리고 그것을 '프리카세'라고 부르는 것도요. 다른 조림 요리가 대부분 '소테'라고 불리는 것과 달리 크림 맛만 이름이 따로 있다는 건, 본고장에서도 크림 베이스 맛이 가장 사랑받기 때문이 아닐까요? 무엇보다 지방이 적은 고기나 해산물을 좋아하는 프랑스인에게 그러한 식재료를 맛있게 먹을 수 있는 이 요리가 필수적이었을지도 모릅니다. 그리고 '크림을 끓이는 건 말이 안 된다'라고 생각하는 사람도 많은 듯한데, 사실은 끓임으로써 감칠맛이 더 깊어진답니다.

Soupe
콩이 듬뿍 들어간
「렌틸콩 베이컨 수프」
(만드는 법 P.118)

최근에는 여러 색의 채소를 넣은 수프가 주류인 것 같은데, 원래 수프는 추운 겨울을 버텨내기 위한 요리입니다. 그래서 보존 식재료인 콩이나 감자류, 뿌리채소 등으로 만드는 일이 많은 요리지요. 그중에서도 잔뜩 사놓고 보관할 수 있는 콩으로 만든 수프는 프랑스에서 예전부터 자주 먹어왔습니다. 렌틸콩은 오래 끓이지 않아도 부드러워서 조리하기 쉽고, 콩 자체에 깊은 맛이 있어 간단히 끓여도 진한 풍미를 느낄 수 있으며, 베이컨이나 소시지 등의 진한 맛의 재료와 곁들이면 한층 더 맛있어진다는 특징이 있습니다. 또 가볍게 삶았을 때 톡톡 터지는 독특한 식감도, 푹 끓여서 으깨졌을 때의 걸쭉함도, 한 번 맛보면 잊을 수가 없답니다. 여담이지만, 렌틸콩은 성경에도 등장할 정도로 서양 문화권에서는 오래전부터 먹던 콩입니다. 예나 지금이나, 영양가가 높고 소화가 잘되는 보존식품으로 대대손손 오랜 세월 그 이로움이 전해지고 있다고 할 수 있습니다.

Contents

Viandes 고기 조림 요리

- 019 돼지 목심과 양배추 비네거 조림
- 022 돼지고기 샤퀴트리
- 024 돼지고기말이와 버섯 조림
- 026 돼지 안심과 사과 크림 조림
- 028 돼지 목심과 말린 과일 화이트 와인 조림
- 030 닭날개 봉 화이트 와인 조림
- 031 닭다리 레드 와인 조림
- 034 돼지고기 바스크
- 036 닭고기 팔루아즈
- 038 닭가슴살과 양상추 레몬 크림 조림
- 039 닭다리살 조림과 순무 소스
- 040 양고기 나바린
- 042 소고기 쿠스쿠스
- 044 비프 스트로가노프
- 046 닭고기 크넬과 아스파라거스 크림 조림
- 048 파슬리 풍미의 고기 완자와 달걀 토마토 조림
- 049 소시지와 감자의 올리브 레몬 소스 조림
- 050 소 내장 화이트 와인 조림
- 052 닭 간 레드 와인 조림

Poissons 해산물 조림 요리

- 055 연어 프리카세
- 058 꽁치 레드 와인 조림
- 060 굴과 파가 들어간 프리카세
- 062 새우와 감자 토마토 크림 조림
- 063 대구와 바지락, 콜리플라워 화이트 와인 조림
- 066 해산물 프리카세
- 068 오징어 파르시
- 070 레몬 커민 풍미의 문어와 셀러리 조림
- 072 홍합과 크레송 크림 소스
- 074 고등어 양파 머스터드 비네거 조림
- 076 가리비 관자와 백합근 프리카세
- 078 흰살생선 올리브 소스
- 080 청새치 토마토 케이퍼 소스
- 082 진저 발사믹 풍미의 방어 조림
- 083 남프랑스풍 흰살생선 베이컨말이

- 002 조림 요리 = 오랜 시간 보글보글 끓이는 요리, 그렇게 생각하시나요?
- 004 추억의 소테 「돼지고기 샤퀴트리」
- 006 하얀 조림 「해산물 프리카세」
- 008 콩이 듬뿍 들어간 「렌틸콩 베이컨 수프」
- 012 「가벼운 조림 요리」 네 가지 장점
- 014 「가벼운 조림 요리」는 도구 하나로 만들 수 있다
- 016 「가벼운 조림 요리」의 기본 조리법

Légumes 채소 조림 요리

- 085 콜리플라워와 게살 프리카세
- 088 버섯과 닭가슴살 크림 조림
- 090 흰 강낭콩과 소시지 화이트 와인 조림
- 092 양상추 파르시
- 094 청완두와 고기 완자 조림
- 095 호박과 돼지고기, 병아리콩 조림
- 098 우엉과 얇게 저민 소고기 레드 와인 조림
- 100 피망 파르시
- 102 양배추, 죽순, 닭고기 프리카세

● 전채요리로 어울리는 가벼운 조림

- 104 아스파라거스와 누에콩 조림
  여름 채소 올리브 오일 조림
- 105 파와 양송이의 그리스풍 와인 조림
  고구마 레몬 크림 조림
- 108 루바브와 딸기 조림
  자몽과 셀러리 화이트 와인 조림
- 109 파인애플과 말린 과일 화이트 와인 조림
  사과와 자두 레드 와인 조림

Soupes 수프

- 113 부야베스
- 116 보르시치
- 118 렌틸콩 베이컨 수프
- 120 굴라쉬
- 121 감자와 대구, 파가 들어간 수프

Column 느긋한 주말 식사

● 식후의 치즈 안주

- 122 까망베르 퐁듀
  치즈와 견과류 갈레트
- 123 생햄을 곁들인 무화과와 블루치즈
  모짜렐라 치즈와 드라이 토마토, 올리브 칵테일

● 식후의 디저트

- 124 무슬린 쇼콜라
  딸기 젤리
- 125 레몬 커스터드
  꿀과 견과류를 얹은 아이스크림

- 126 재료별 INDEX

【 이 책의 사용법 】
- 재료는 특별한 표시가 없는 한 2~3인분을 기준으로 합니다.
- 1작은술 = 5ml, 1큰술 = 15ml, 1컵 = 200ml입니다.
- 불의 세기는 특별한 표시가 없는 한 중불입니다.
- 채소는 미리 다듬고 씻어서 준비해 주세요.
- 마늘은 싹을 떼고 조리해 주세요.
- 소금은 왕소금과 자연염을 사용합니다.
  정제염을 사용할 경우, 분량보다 살짝 적게 사용해 주세요.
- 식용유는 순도가 높은 맑은 정제유를 사용해 주세요.
- 화이트 와인은 쌉쌀한 맛을,
  레드 와인은 떫은맛이 적은 것을 사용합니다.
- 전자레인지는 600W 제품을 기준으로 한 시간입니다.
  700W일 때는 0.8배로 맞춰주세요.

「가벼운 조림 요리」
네 가지 장점

짧은
조리 시간

'가벼운 조림 요리'라는 이름대로 조리 시간은 10분 정도입니다. 생선 요리라면 더 짧을 수도 있어요. 그럴 수밖에 없는 게, 고기도 생선도 불에 '익기 시작했을 때'의 타이밍이 제일 맛있으니까요! '가벼운 조림 요리'는 바쁜 일상에도 만들어 먹기 좋은 요리, 바빠도 맛있는 걸 먹고 싶은 사람들을 위한 요리입니다.

한 가지 요리로
푸짐하게

'가벼운 조림 요리'는 고기와 채소, 생선과 채소의 조합이 대부분입니다. 그래서 메인 요리지만 채소의 맛도 즐길 수 있지요. 와인을 졸여 조림 국물을 만들기에, 아주 맛 좋은 소스도 먹을 수 있습니다. 즉, 한 가지 요리로도 고기와 해산물, 채소, 소스를 즐길 수 있고 푸짐하게 먹을 수 있습니다. 그리고 여기에 빵만 더해지면 멋진 식탁이 완성됩니다.

살아 있는
재료의 맛

재료가 가진 단맛, 감칠맛, 상큼한 맛, 쌉싸름한 맛. 모든 맛을 잘 끌어내고 그 맛이 돋보이도록, 조린 와인을 베이스로 가볍게 끓인 다음에 소금과 향신료 등으로 간을 맞춥니다. 이게 바로 '가벼운 조림 요리'의 기본 조리법입니다. 재료도, 만드는 법도 간단하기에 재료 본연의 맛을 살릴 수 있지요.

겨울만이 아니라
여름에도

조림 요리라고 하면 꼭 겨울에만 먹어야 할 것 같지 않나요? '보글보글, 푹 끓이는' 조림 요리는 더운 계절과는 거리가 멀지만, '가벼운 조림 요리'는 빠르게 만들 수 있습니다. 그래서 여름에도 알맞지요. 각종 채소 요리, 지방이 적은 고기 요리나 생선 요리 등, 차갑게 해서 먹어도 맛있습니다.

「가벼운 조림 요리」는
도구 하나로 만들 수 있다

 or

지름 22~24cm의 불소 수지 가공 프라이팬이 사용하기 편합니다. 사이즈가 맞는 뚜껑도 준비합니다. 노릇하게 굽고 싶은 재료(P.024 「돼지고기말이와 버섯 조림」 등), 구울 때 들러붙기 쉬운 재료(P.056 「연어 프리카세」 등)는 프라이팬이 좋아요.

지름 20~22cm(타원인 경우는 긴 지름이 23cm)이면서 딱 맞는 뚜껑이 있다면, 냄비 재질은 어떤 것이라도 괜찮습니다. 높이가 있는 재료(P.072 「홍합과 크레송 크림소스」 등)가 있거나, 국물이 많은 조림(P.042 「소고기 쿠스쿠스」 등)을 만들 때는 냄비를 쓰세요.

「가벼운 조림 요리」의 기본 조리법

'가벼운 조림 요리'는 재료가 달라져도 기본적인 흐름은 거의 같습니다.
「돼지고기 샤퀴트리」(P.022)를 예로 들어 조리법을 설명하겠습니다.

1

밑간하기

고기와 해산물은 가열하고 나서는 맛이 배기 어려우므로, 가열 전에 소금과 후추 등으로 밑간을 맞추는 것이 좋다. 퍼석거리기 쉬운 고기나 생선에는 밑간을 한 후에 밀가루를 얇게 묻힌다.

2

굽고 꺼내기

기름을 잘 달군 후에 고기와 생선 표면을 노릇하게 굽고 잠시 꺼낸다. 재료의 감칠맛을 가두는 동시에, 소스에 고소한 풍미를 더하는 것이 목적이다. 이 단계에서는 고기를 완전히 익힐 필요는 없다.

3

기름기 제거하기

고기와 생선을 가열하면서 나온 기름기는 최종적으로 내는 맛을 손상하므로 제거한다. 단, 냄비에 들러붙은 것은 감칠맛이다. 키친 타월로 톡톡 두드려서 표면에 있는 기름기만 빨아들이면 된다.

4 향미 채소 볶기

고기와 생선의 감칠맛이 남아 있는 프라이팬에 향미 채소를 넣고, 숨이 죽을 때까지 볶아서 채소의 단맛을 끌어낸다. 여기서 고기나 생선의 감칠맛과 채소의 감칠맛이 하나로 섞인다.

5 와인 조리기 Point

와인을 넣고, 냄비 바닥에 붙은 감칠맛을 문지르며 조린다. 조리는 과정에서 술은 감칠맛을 내는 조미료로 변화하여, 깊이 있고 진한 맛을 내게 된다. 덜 조리게 되면 어딘가 부족한 맛으로 마무리가 되니 주의한다.

6 재료를 넣고 가볍게 조리기 Point

꺼내둔 고기와 생선을 조림 국물에 넣고, 뚜껑을 닫은 다음에 조린다. 안쪽까지 익기 힘든 고기는 조미료나 물, 생크림을 넣는 타이밍에 같이 넣으면 된다. 빨리 익는 생선이나 퍼석거리기 쉬운 고기는 조림 국물의 맛과 농도를 조절한 다음에 넣고 재빨리 조린다.

Viandes
고기로 만드는 가벼운 조림 요리

'가벼운 조림 요리' 중에서도 가장 인기가 많고 종류도 다양한 고기 요리.
매일 먹는 반찬으로도 좋고, 손님을 초대했을 때도 크게 활약할 수 있는
요리입니다.

→ 돼지 목심과 양배추 비네거 조림
(P.020)

돼지 목심과 양배추 비네거 조림
Sauté de porc au chou vinaigré

고기를 먼저 굽고 꺼내두면 그사이에 잔열로 익게 됩니다.
이런 부분을 계산에 넣는 게 고기를 너무 익히지 않고 부드럽게 조리하는 비법입니다.
비네거는 가열하면 부드러워지고, 적당한 산미가 남게 됩니다.

재료 (2~3인분)

돼지 목심 (덩어리) … 400g
양배추 … 큰 것 ½개 (600g)
양파 … ½개
마늘 … 작은 것 1쪽
A
│ 소금 … ⅔작은술
│ 후추 … 적당량
밀가루 … 적당량
식용유 … 1큰술
화이트 와인 … ½컵
물 … ¾컵
레드 와인 비네거 (화이트도 가능) … 1큰술
소금, 후추 … 적당량
굵게 간 흑후추 … 적당량

❶ 채소 준비
양배추는 큼직하게 썰고, 소금 1½ 큰술(분량 외)을 뿌려 주물러 놓는다. 15분 정도 지나고 또 가볍게 주무른 다음에, 물로 씻어내고 꽉 짠다. 양파는 5mm 폭으로 썰고, 마늘은 다진다.

❷ 고기 준비
돼지고기는 1.5cm 두께로 썰고 A를 문질러 바른 다음, 밀가루를 얇게 묻힌다. 밀가루를 묻히는 건 고기의 감칠맛을 가두면서 동시에 소스를 걸쭉하게 만들기 위해서다.

❸ 고기를 굽고 꺼내기
프라이팬 혹은 냄비에 식용유 ½큰술을 넣고 강한 중불로 가열해서, 기름이 뜨거워지면 돼지고기를 넣는다. 잠시 건드리지 않고 굽고, 양면이 노릇해지면 꺼낸다. 고기 중심까지 익지 않아도 된다.

❹ 기름기 제거하기
프라이팬 혹은 냄비에 남은 여분의 기름기를 키친 타월로 흡수해 제거한다. 고기의 감칠맛을 냄비에 남기기 위해 기름기만 제거하도록, 키친 타월로 프라이팬이나 냄비 표면을 톡톡 누른다.

❺ 와인 조리기
식용유 ½큰술, 양파, 마늘을 넣고 타지 않도록 약한 중불로 2분 정도 볶는다. 옅은 갈색이 되면 화이트 와인을 넣고 강불에서 냄비 바닥을 나무 주걱으로 문지르면서 와인이 ⅓의 양이 될 때까지 졸인다.

❻ 재료를 넣고 조리기
양배추, ❸의 돼지고기, 분량의 물을 넣고, 끓어오르면 뚜껑을 덮은 다음 약한 중불로 12분 정도 조린다. 와인 비네거를 넣고, 전체를 섞으며 강불로 1분 정도 조려 산미를 가볍게 날리고, 소금, 후추로 간을 맞춘다. 마무리로 굵게 간 흑후추를 뿌린다.

돼지고기 샤퀴트리
Porc sauce charcutière

맛의 결정적인 요소는, 코르니숑과 머스터드입니다.
두 가지의 산미와 감칠맛이 토마토소스에 깊이를 더해줍니다.

재료 (2~3인분)
돼지 목심 (스테이크용) … 3장 (400g)
양파 … ½개
코르니숑※ … 40g
A
| 소금 … ⅔작은술
| 후추 … 적당량
식용유 … 1큰술
화이트 와인 … ½컵
토마토 통조림 (다이스드 컷) … ½캔 (200g)
물 … ¼컵
소금, 후추 … 적당량
프렌치 머스터드 … 1큰술
버터 … 5g

※ 코르니숑은 프랑스의 작은 오이로 만든 피클.

❶ 재료 준비
양파는 다지고, 코르니숑은 송송 썬다. 돼지고기에는 A를 문질러 바른다.

❷ 고기를 굽고 꺼내기
프라이팬 혹은 냄비에 식용유 ½큰술을 넣고 강한 중불로 가열해서, 기름이 충분히 뜨거워지면 돼지고기를 넣는다. 잠시 건드리지 않고 굽고, 양면이 노릇해지면 꺼낸다.

❸ 조림 국물 만들기
프라이팬 혹은 냄비에 남은 여분의 기름기를 키친 타월로 흡수한 후, 식용유 ½큰술, 양파를 넣고 타지 않도록 약한 중불로 2분 정도 볶는다. 화이트 와인을 넣고 강불로 가열하면서 나무 주걱 등으로 냄비 바닥을 문지르며 와인이 ⅓의 양이 될 때까지 졸인다. 토마토 통조림, 분량의 물, 소금 ⅓작은술을 넣고, 끓으면 약한 중불로 해서 타지 않도록 가끔 섞어가며 2분 정도 조린다.

❹ 재료를 넣고 조리기
②의 돼지고기를 넣고, 끓으면 뚜껑을 덮은 다음 약한 중불로 5분 조린다. 고기를 뒤집어 다시 뚜껑을 덮고 2분 정도 조린다. 돼지고기가 익으면 뚜껑을 열고, 강불로 조림 국물이 ⅔의 양이 될 때까지 졸인다. 머스터드, 코르니숑을 넣고 섞다가 끓으면 소금, 후추로 간을 하고, 마무리로 버터를 넣는다.

돼지고기말이와 버섯 조림
Roulade de porc d'automne

고기로 돌돌 만 호두의 오돌오돌한 식감, 그리고 마무리로 넣은 단밤의 달콤한 맛,
향긋한 풍미의 버섯. 이 모든 걸 레드 와인 소스가 깔끔하게 감싸줍니다.

재료 (2~3인분)
돼지 목심 또는 로스육 (구이용) ⋯ 8장 (400g)
만가닥버섯 ⋯ 작은 것 1팩 (100g)
표고버섯 ⋯ 3개 (50g)
마늘 ⋯ 작은 것 1쪽
호두 ⋯ 8개
A
│ 소금 ⋯ ½ 작은술
│ 후추 ⋯ 적당량
밀가루 ⋯ 적당량
식용유 ⋯ ½ 큰술
버터 ⋯ 10g
레드 와인 ⋯ ½ 컵
B
│ 데미그라스 소스 ⋯ 50g
│ 월계수 ⋯ 1장
│ 물 ⋯ ¾ 컵
소금, 후추 ⋯ 적당량
깐 단밤 ⋯ 6알

❶ 재료 준비
만가닥버섯과 표고버섯은 밑동을 제거한 후, 만가닥버섯은 굵게 다지고 표고버섯은 1cm 폭으로 썬다. 마늘은 다진다. 호두는 5mm로 깍둑썰기한다. 돼지고기를 펼쳐 A로 밑간을 하고, 호두를 뿌려 앞쪽에서부터 단단히 말아 밀가루를 얇게 묻힌다.

❷ 고기를 굽고 꺼내기
프라이팬에 식용유를 넣고 강한 중불로 가열해서, 기름이 충분히 뜨거워지면 ①의 돼지고기말이가 끝나는 부분을 아래로 해서 넣는다. 잠시 건드리지 않고 1분 정도 굽고, 뒤집어서 마찬가지로 구워서 전체적으로 노릇해지면 꺼낸다.

❸ 조림 국물 만들기
프라이팬에 남은 여분의 기름기를 키친 타월로 흡수한 후, 버터와 마늘을 넣고 약한 중불로 가열하다가, 버터가 녹아 거품을 내며 끓으면 버섯류를 넣고 수분이 날아갈 때까지 2분 정도 볶는다. 레드 와인을 넣고 강불로 가열하면서 나무 주걱 등으로 프라이팬 바닥을 문지르며 와인이 ⅓의 양이 될 때까지 졸인다. B를 넣고 끓으면 약한 중불로 해서, 타지 않도록 가끔 섞어가며 2분 정도 조린다.

❹ 재료를 넣고 조리기
②의 돼지고기를 넣고, 종종 섞어가며 5분 정도 조린다. 돼지고기가 익고 살짝 걸쭉해지면 소금, 후추로 간을 한다. 마무리로 단밤을 넣고 가볍게 섞는다.

Point
돼지고기를 펼치고 잘게 썬 호두를 넣고 돌돌 만다. 이 호두가 식감에 악센트를 준다.

돼지 안심과 사과 크림 조림
Filet de porc et pommes fruits à la normande

노르망디 지방에 전해지는 조리법으로, 사과를 넣은 가벼운 조림입니다.
사과는 산미가 있는 것을 쓰는 게 좋습니다.
걸쭉하게 조려진 식감과 달고 상큼한 맛이 돼지고기와 잘 어우러집니다.

재료 (2~3인분)
돼지 안심 … 큰 것 ½개 (300g)
사과 (가능하면 홍옥) … 2개 (또는 큰 것 1개)
양파 … ½개
A
　│ 소금 … ½ 작은술
　│ 후추 … 적당량
버터 … 10g
브랜디 (있으면) … 약간
식용유 … 1큰술
밀가루 … 적당량
시드르cidre※ (쓴맛, 또는 화이트 와인) … ⅓컵
물 … ½컵
생크림 (유지방분 40% 이상) … ½컵
소금, 후추 … 적당량
※ 사과를 발효시켜 만든 프랑스식 사과주.

❶ 재료 준비
사과는 껍질을 벗겨 빗썰기를 하고 심지를 제거한다. 양파는 잘게 다진다. 돼지고기는 2cm 두께로 썰고, A를 문질러 바른다.

❷ 사과를 굽고 꺼내기
프라이팬 혹은 냄비에 버터를 넣고 가열해, 버터가 녹아 거품을 내며 끓으면 사과를 넣고 굽는다. 전체적으로 옅게 노릇해지면 불을 끄고, 브랜디를 넣어 골고루 묻힌 다음 꺼낸다.

❸ 고기를 굽고 꺼내기
프라이팬 혹은 냄비에 식용유 ½큰술을 넣고 강한 중불로 가열한 후, 돼지고기에 밀가루를 얇게 묻혀 표면을 가볍게 구운 다음에 꺼낸다.

❹ 조림 국물 만들기
프라이팬 혹은 냄비에 남은 여분의 기름기를 키친 타월로 흡수한 후, 식용유 ½큰술, 양파를 넣고 타지 않도록 약한 중불로 2분 정도 볶는다. 시드르를 넣고 강불로 가열하면서 나무 주걱 등으로 냄비 바닥을 문지르며 시드르가 ⅓의 양이 될 때까지 졸이고, 분량의 물과 생크림을 넣는다.

❺ 재료를 넣고 조리기
한소끔 끓인 후, ❷의 사과와 ❸의 돼지고기를 넣고 약한 중불로 조린다. 가끔 섞어가며 돼지고기가 익고 살짝 걸쭉해질 때까지 2~3분 조린 후 소금, 후추로 간을 한다.

Point
안심은 지방이 적어 퍼석거리기 쉬워서, 육즙이 빠져나가지 않도록 밀가루를 묻힌다.

돼지 목심과
말린 과일 화이트 와인 조림
Sauté de porc abricots et figues

맛의 윤곽을 만드는 데 필요한 것은 세 종류의 말린 과일입니다.
각자 가진 단맛과 산미가 서로 달라, 농후하면서도 부드러운 맛을 완성해요.

재료 (2~3인분)
돼지 목심 (덩어리) … 400g
말린 살구 … 5개
말린 무화과 … 큰 것 3개
건포도 … 2큰술
양파 … 1개
마늘 … 작은 것 1쪽
A
│ 소금 … 2/3 작은술
│ 후추 … 적당량
밀가루 … 적당량
식용유 … 1큰술
화이트 와인, 물 … 각각 1컵
소금, 후추 … 적당량
버터 … 5g

❶ 재료 준비
말린 과일은 먹기 좋게 썰고, 뜨거운 물에 5분 정도 담가 불린 후 물기를 뺀다. 양파, 마늘은 얇게 썬다. 돼지고기는 3~4cm로 깍둑썰기를 한 후, A를 문질러 바르고 밀가루를 얇게 묻힌다.

❷ 고기를 굽고 꺼내기
프라이팬 혹은 냄비에 식용유 1/2 큰술을 넣고 강한 중불로 가열해서, 기름이 충분히 뜨거워지면 돼지고기를 넣는다. 잠시 건드리지 않고 굽다가, 모든 면이 노릇해지면 꺼낸다.

❸ 조림 국물 만들기
프라이팬 혹은 냄비에 남은 여분의 기름기를 키친 타월로 흡수한 후, 식용유 1/2 큰술과 양파, 마늘을 넣고 타지 않도록 약한 중불로 2분 정도 볶는다. 말린 과일, 화이트 와인을 넣고 강불로 가열하면서 나무 주걱 등으로 냄비 바닥을 문지르며 와인이 1/3의 양이 될 때까지 졸인다.

❹ 재료를 넣고 조리기
분량의 물과 소금 1/3 작은술, ②의 돼지고기를 넣고, 끓으면 뚜껑을 닫고 약한 중불로 타지 않도록 종종 섞어가며 12분 정도 조린다. 돼지고기가 익으면 뚜껑을 열고 강불로 조림 국물이 2/3의 양이 될 때까지 졸인 후, 소금과 후추로 간을 맞추고 버터를 넣는다.

Point

말린 과일을 그대로 넣으면 졸이기 전에 와인을 흡수해 버리므로, 뜨거운 물에 담가 불린 다음에 사용하는 것이 좋다.

→ 닭날개 봉 화이트 와인 조림
(P.032)

→ 닭다리 레드 와인 조림
(P.033)

닭날개 봉 화이트 와인 조림
Ailes de poulet aux petits oignons, sauce vin blanc

닭날개 봉과 동글동글한 미니 양파는 보기에도 식욕이 돋는 조합입니다.
화이트 와인의 감칠맛과 산미에 버터의 풍미가 더해져 심플하지만 깊은 맛을 냅니다.

재료 (2~3인분)
닭날개 봉 … 500g
미니 양파 … 12개
A
  │ 소금 … 2/3 작은술
  │ 후추 … 적당량
밀가루 … 적당량
식용유 … 1큰술
버터 … 20g
화이트 와인, 물 … 각각 1컵
소금, 후추, 굵게 간 흑후추 … 적당량

❶ 재료 준비
미니 양파는 껍질을 벗긴다. 닭날개 봉에 A를 문질러 바르고 밀가루를 얇게 묻힌다.

❷ 고기를 굽고 꺼내기
프라이팬 혹은 냄비에 식용유를 넣고 강한 중불로 가열해서, 기름이 충분히 뜨거워지면 닭날개 봉을 넣는다. 너무 굽지 않도록 이리저리 굴리면서 표면이 노릇해지면 꺼낸다.

❸ 조림 국물 만들기
프라이팬 혹은 냄비에 남은 여분의 기름기를 키친 타월로 흡수한 후, 버터를 넣고 약불로 가열한다. 버터가 녹아 거품을 내며 끓으면 미니 양파를 넣고 가볍게 볶는다. 전체적으로 버터가 돌면, 화이트 와인을 넣고 강불로 가열하면서 나무 주걱 등으로 냄비 바닥을 문지르며 와인이 1/3 의 양이 될 때까지 졸인다.

❹ 재료를 넣고 조리기
②의 닭날개 봉, 소금 1/2 작은술, 분량의 물을 넣고, 끓으면 뚜껑을 닫은 다음에 약한 중불로 10분 정도 조린다. 뚜껑을 열고 강불로 조림 국물이 절반이 될 때까지 졸인 후, 소금과 후추로 간을 맞춘다. 마무리로 굵게 간 흑후추를 뿌린다.

닭다리 레드 와인 조림
Coq au vin

코코뱅이라고 불리는 프랑스의 대표적인 가정 요리입니다.
육수가 우러나오도록 뼈 있는 고기를 사용하고, 거기에 베이컨의 감칠맛을 더하는 게 포인트입니다.

재료 (2~3인분)
뼈 있는 닭다리 … 700g
양파 … 1개
마늘 … 작은 것 1쪽
양송이버섯 … 8개
베이컨 (덩어리) … 60g
A
　| 소금 … 1작은술
　| 후추 … 적당량
밀가루 … 적당량
식용유 … 1큰술
버터 … 30g
레드 와인 … 2컵
꿀 … 1큰술
B
　| 타임 … 약간
　| 월계수 … 1장
레드 와인 비네거 (화이트도 가능) … ½큰술
소금, 후추 … 적당량

❶ 재료 준비
양파는 얇게 썰고, 마늘은 다진다. 양송이버섯은 밑동을 제거하고 반으로 썬다. 베이컨은 막대 썰기를 한다. 닭고기에 A를 문질러 바르고 밀가루를 얇게 묻힌다.

❷ 고기를 굽고 꺼내기
프라이팬 혹은 냄비에 식용유를 넣고 강한 중불로 가열해서, 기름이 충분히 뜨거워지면 닭고기를 넣는다. 잠시 건드리지 않고 굽다가, 모든 면이 노릇해지면 꺼낸다.

❸ 조림 국물 만들기
프라이팬 혹은 냄비에 남은 여분의 기름기를 키친 타월로 흡수한 후, 버터를 넣어 약한 중불로 가열한다. 버터가 녹아 거품을 내며 끓으면, ①의 나머지 재료를 넣고 옅은 갈색이 될 때까지 3분 정도 볶는다. 레드 와인과 꿀을 넣고 강불로 가열하면서 나무 주걱 등으로 냄비 바닥을 문지르며 1분 정도 조린다.

❹ 재료를 넣고 조리기
②의 닭고기, B를 넣고 끓으면 약한 중불에서 뚜껑을 닫고 15분 정도 조린다. 뚜껑을 열고 와인 비네거를 넣은 후, 강불로 조림 국물의 양이 절반이 될 때까지 졸인 후, 소금과 후추로 간을 맞춘다.

돼지고기 바스크
Porc à la basquaise

피망과 토마토, 마늘을 쓴 바스크 지방의 요리입니다.
와인을 졸이고 토마토를 넣어 더 조리면, 맛이 훨씬 농축됩니다.

재료 (2~3인분)
돼지 목심 (덩어리) … 400g
피망 … 2개
파프리카 (빨간색, 노란색) … 각각 1개
양파 … ½개
마늘 … 작은 것 1쪽
홍고추 … ½개
A
│ 소금 … ⅔ 작은술
│ 후추 … 적당량
올리브유 … 2큰술
화이트 와인, 물 … 각각 ½컵
토마토 통조림 (다이스드 컷) … ½캔 (200g)
B
│ 타임 … 약간
│ 월계수 … 1장
소금, 후추 … 적당량
다진 파슬리 … 약간

❶ 재료 준비
피망, 파프리카는 씨앗과 꼭지를 제거하고 굵게 막대 썰기를 한다. 양파, 마늘은 다지고 홍고추는 씨를 제거한 다음 굵게 다진다. 돼지고기는 굵직하게 막대 썰기를 한 후, A를 문질러 바른다.

❷ 고기를 굽고 꺼내기
프라이팬 혹은 냄비에 올리브유 1큰술을 넣고 강한 중불로 가열해서, 기름이 충분히 뜨거워지면 돼지고기를 넣는다. 잠시 건드리지 않고 굽다가, 모든 면이 노릇해지면 꺼낸다.

❸ 조림 국물 만들기
프라이팬 혹은 냄비에 남은 여분의 기름기를 키친 타월로 흡수한 후, 올리브유 1큰술과 홍고추, 마늘, 양파를 넣고 타지 않도록 약한 중불로 3분 정도 볶는다. 화이트 와인을 넣고 강불로 가열하면서 나무 주걱 등으로 냄비 바닥을 문지르며 와인이 ⅓의 양이 될 때까지 졸인다. 토마토 통조림, 분량의 물, 소금 ⅓작은술을 넣고, 끓으면 약한 중불로 해서 타지 않도록 종종 섞어가며 2분 정도 조린다.

❹ 재료를 넣고 조리기
②의 돼지고기, 피망, 파프리카, B를 넣고, 끓으면 뚜껑을 닫은 다음에 약한 중불로 가열한다. 타지 않도록 종종 섞어가며 10분 정도 조린다. 뚜껑을 열고 강불로 조림 국물이 ⅔의 양이 될 때까지 졸인 후, 소금과 후추로 간을 맞춘다. 취향에 따라 다진 파슬리를 뿌린다.

닭고기 팔루아즈
Sauté de poulet sauce paloise

팔루아즈는 닭고기를 잘 볶은 양파와 화이트 와인으로 조리는 요리입니다.
양파의 단맛과 민트의 상큼한 향기가 맛의 포인트예요.

재료 (2~3인분)
닭다리살 … 큰 것 1½장 (약 450g)
양파 … 2~3개 (500g)
마늘 … 작은 것 1쪽
A
│ 소금 … ⅔작은술
│ 후추 … 적당량
밀가루 … 적당량
식용유 … 1½큰술
화이트 와인 … ½컵
물 … 1컵
버터 … 5g
소금, 후추 … 적당량
민트 잎 … 5장

❶ 재료 준비
양파와 마늘은 얇게 썬다. 닭고기는 3등분으로 썰고, A를 문질러 바른 다음에 밀가루를 얇게 묻힌다.

❷ 고기를 굽고 꺼내기
프라이팬 혹은 냄비에 식용유 ½큰술을 넣고, 강한 중불로 가열해서 충분히 뜨거워지면 닭고기 껍질을 아래로 해서 넣고, 양면이 노릇해지면 꺼낸다.

❸ 조림 국물 만들기
프라이팬 혹은 냄비에 남은 여분의 기름기를 키친 타월로 흡수한 후, 식용유 1큰술을 넣고 양파와 마늘을 넣어 약한 중불로 10분 정도 볶는다. 양파가 갈색이 되면 화이트 와인을 넣고, 강불로 가열하면서 나무 주걱 등으로 냄비 바닥을 문지르며 와인이 ⅓의 양이 될 때까지 졸인다.

❹ 재료를 넣고 조리기
분량의 물을 넣고 끓으면 소금 ⅓작은술, ②의 닭고기를 넣고 뚜껑을 닫은 다음에 약한 중불로 10분 정도 가열한다. 고기가 익으면 뚜껑을 열고, 강불로 조림 국물이 절반으로 줄 때까지 졸인 후에 버터, 소금, 후추로 간을 맞춘다. 잘게 찢은 민트 잎을 섞는다.

Point
양파가 타지 않도록 잘 볶아서 단맛을 끌어낸다. 이 양파가 소스의 역할도!

닭가슴살과 양상추 레몬 크림 조림

Aiguillette de poulet et salade iceberg sauce citron

담백한 맛의 닭가슴살을 생햄으로 말아서 감칠맛을 보충합니다.
양상추의 아삭아삭한 식감도 재미있어요.

재료 (2~3인분)

닭가슴살 … 5개
생햄 … 10장
양파 … ½개
셀러리 … ½개
양상추 … ⅓개
A
│ 소금, 후추 … 적당량
식용유 … 1작은술
버터 … 7g
밀가루 … 1작은술
화이트 와인 … ½컵
B
│ 물, 생크림 (유지방분 40% 이상)
│   … 각각 ½컵
소금, 후추 … 적당량
레몬즙 … 1큰술

❶ 재료 준비

닭가슴살은 힘줄을 제거하고 비스듬히 절반으로 썬 후, A를 뿌리고 생햄으로 말아준다. 양파는 다지고, 셀러리는 5mm 폭으로 어슷썰기하고, 양상추는 한입 크기로 찢는다.

❷ 고기를 굽고 꺼내기

프라이팬에 식용유를 넣고 가열해, ①의 생햄말이의 끝부분을 아래로 해서 넣는다. 겉면이 단단해지면 뒤집어, 표면이 살짝 익을 정도로만 구워서 꺼낸다.

❸ 조림 국물 만들기

프라이팬을 키친 타월로 닦은 후, 버터를 넣고 약한 중불로 녹인 다음에 양파와 셀러리를 넣고 2분 정도 볶고, 밀가루를 뿌려 가볍게 섞는다. 가루가 잘 섞이면 화이트 와인을 넣고 강불로 가열하면서, 나무 주걱 등으로 프라이팬 바닥을 문지르며 와인이 ⅓의 양이 될 때까지 졸인다. B를 넣고 걸쭉해질 때까지 중불로 졸이고, 소금과 후추를 넣어 간을 맞춘다.

❹ 재료를 넣고 조리기

②의 닭고기를 넣고 1분 정도 끓이다가 양상추를 넣은 후, 숨이 죽으면 레몬즙을 추가해 빠르게 섞는다.

닭다리살 조림과 순무 소스
Cuisse de poulet aux petits navets

부들부들하게 익은 닭다리살과 어우러지는 아주 푹 삶은 순무 소스.
순무는 2단계로 넣어 건더기와 소스 두 가지 역할을 합니다.

재료 (2~3인분)
- 닭다리살 … 큰 것 1½장 (약 450g)
- 순무 … 4개 (400g)
- 양파 … ½개
- 마늘 … 작은 것 1쪽
- A
  - 소금 … ⅔작은술
  - 후추 … 적당량
- 올리브유 … 1큰술
- 화이트 와인 … ½컵
- 물 … 1컵
- 소금, 후추 … 적당량

❶ 재료 준비
순무는 잎을 떼고 빗썰기를 한다. 순무 잎 1포기 분량을 송송 썬다. 양파와 마늘은 다진다. 닭고기는 여분의 지방과 힘줄을 제거하고, 한입 크기로 썰어 A를 문질러 바른다.

❷ 고기를 굽고 꺼내기
프라이팬 혹은 냄비에 올리브유 ½큰술을 넣고 가열한 후, 닭고기를 넣어 볶고 표면이 노릇해지면 꺼낸다.

❸ 조림 국물 만들기
프라이팬 혹은 냄비에 남은 여분의 기름기를 키친 타월로 흡수한 후, 올리브유 ½큰술을 넣고 양파와 마늘을 넣어 약한 중불로 2분 정도 볶는다. 화이트 와인을 넣고 강불로 가열하면서, 나무 주걱 등으로 냄비 바닥을 문지르며 와인이 ⅓의 양이 될 때까지 졸인다.

❹ 재료를 넣고 조리기
분량의 물과 순무의 절반을 넣고, 끓기 시작하면 뚜껑을 닫은 다음에 약한 중불로 5분 정도 가열한다. 순무가 부드러워지면 나머지 순무와 ②의 닭고기를 넣고 5분 정도 끓여 닭고기 속까지 익힌다. 전체를 섞으며 맨 처음 넣었던 순무를 나무 주걱으로 으깨고, 강불로 살짝 조린다. 잎 부분을 넣고 살짝 끓인 후, 소금과 후추로 간을 맞춘다. 그릇에 담고, 취향에 따라 올리브유(분량 외)를 뿌린다.

양고기 나바린
Navarin d'agneau

순무 등의 채소와 어린양 고기를 넣어 만드는 나바린.
보통은 앞다리살을 쓰지만, 간편하게 갈빗살로 대용할 수 있어요.

재료 (2~3인분)
어린양 갈빗살 … 6개
순무 … 2개 (200g)
당근 … ½개
껍질콩 … 8개
양파 … ½개
마늘 … 작은 것 1쪽
A
│ 소금 … ½작은술
│ 후추 … 적당량
밀가루 … 적당량
올리브유 … 1큰술
토마토 페이스트 … 1큰술
화이트 와인 … ½컵
B
│ 물 … 1컵
│ 소금 … ⅓작은술
│ 타임 … 약간
│ 월계수 … 1장
소금, 후추 … 적당량
버터 … 7g
굵게 간 흑후추 … 적당량

❶ 재료 준비
순무는 잎을 떼고 빗썰기를 한다. 당근은 7mm로 막대 썰기를 하고, 껍질콩은 당근과 같은 길이로 썬다. 양파와 마늘은 다진다. 갈빗살에 A를 문질러 바르고, 밀가루를 얇게 묻힌다.

❷ 고기를 굽고 꺼내기
프라이팬 혹은 냄비에 올리브유 ½큰술을 넣고 강한 중불로 가열한 후, 기름이 충분히 뜨거워지면 갈빗살을 넣어 굽는다. 한동안 건드리지 않고 구워 양면이 노릇해지면 꺼낸다.

❸ 조림 국물 만들기
프라이팬 혹은 냄비에 남은 여분의 기름기를 키친 타월로 흡수한 후, 올리브유 ½큰술, 양파, 마늘을 넣고 타지 않도록 약한 중불로 2분 정도 볶는다. 토마토 페이스트를 넣고 가볍게 볶은 다음, 화이트 와인을 넣고 강불로 가열하면서 나무 주걱 등으로 냄비 바닥을 문지르며 와인이 ⅓의 양이 될 때까지 졸인다.

❹ 재료를 넣고 조리기
B와 당근을 넣고 끓으면 뚜껑을 비스듬히 얹어두고, 약한 중불로 5분 정도 끓인다. 순무와 껍질콩을 넣고 마찬가지로 뚜껑을 얹어 3분 정도 끓인다. 뚜껑을 열고, 강불로 조림 국물이 반이 될 때까지 졸인다. ②의 갈빗살을 넣고, 가끔 섞어가며 5분 정도 끓인다. 소금과 후추로 간을 맞추고 버터를 넣는다. 마무리로 굵게 간 흑후추를 뿌린다.

Point

쿠스쿠스 가루(스물semoule이라고 함)는 세몰리나 가루로 만든 파스타의 사촌쯤 되는 식품. 뜨거운 물에 충분히 불렸다가 전자레인지로 가열한다.

소고기 쿠스쿠스
Couscous de bœuf aux légumes

향신료를 뿌리면 토마토를 넣은 조림이 단번에 이국적인 풍미로 변해요!
쿠스쿠스에 조림 국물을 듬뿍 배어들게 해서 맛보세요.

재료 (2~3인분)
- 소고기 (카레, 스튜용)[※1] … 250g
- 주키니 … 작은 것 1개
- 당근 … 1/2개
- 셀러리 … 1/2개
- 순무 … 2개 (200g)
- 마늘 … 1쪽
- A
  - 소금 … 1/2작은술
  - 후추 … 적당량
  - 파프리카 파우더, 코리앤더 파우더, 커민 시드 … 각 1작은술보다 조금 적게
- 올리브유 … 2½큰술
- B
  - 토마토 통조림 (다이스드 컷) … 1/2캔 (200g)
  - 타임 … 약간
  - 월계수 … 1장
- 물 … 2½컵
- 소금, 후추 … 적당량
- 쿠스쿠스 가루 … 1/2컵
- 하리사[※2] (있다면) … 적당량

※ 1 소고기는 앞다리, 허벅지, 삼겹살 등 너무 단단하지 않은 부위가 좋다.
※ 2 하리사(Harissa)는 쿠스쿠스 만드는 데 빼놓을 수 없는 아프리카의 홍고추를 재료로 한 페이스트다. 없을 때는 갓 끓여 낸 요리에 카엔 페퍼나 고춧가루를 섞어 먹는다.

❶ 재료 준비
셀러리는 줄기의 질긴 섬유질을 제거하고 주키니, 당근과 함께 굵게 막대 썰기를 한다. 순무는 잎을 떼고 빗썰기를 한다. 마늘은 얇게 썬다. 소고기는 1cm로 깍둑썰기하고, A를 문질러 바른다.

❷ 고기를 굽고 조리기
냄비에 올리브유 2큰술을 넣어 강한 중불로 가열하고, 소고기를 가볍게 볶는다. 순무 이외의 채소, B를 넣고 전체를 섞어서 약한 중불로 5분 정도 조린다. 순무와 분량의 물을 넣고 10분 정도 끓이다가, 소금과 후추로 간을 맞춘다.

❸ 쿠스쿠스 불리기
내열 접시에 쿠스쿠스 가루를 넣고, 쿠스쿠스와 같은 양의 뜨거운 물(1/2컵, 분량 외), 소금 1/3작은술, 올리브유 1/2큰술을 넣고 섞는다. 랩을 씌우고 20분 정도 됐다가 쿠스쿠스가 불면 전자레인지에 2분 정도 가열하고 잘 섞어 풀어준다.

❹ 마무리
②, ③을 그릇에 담고 하리사를 섞으면서 먹는다.

비프 스트로가노프
Bœuf à la stroganoff

밥과 환상적으로 어울리는, 러시아에서 태어난 조림 요리.
사워 크림의 부드럽고 상큼한 산미가 소고기의 맛을 한층 더 돋워줍니다.

재료 (2~3인분)
소 다리살 (덩어리) … 300g
양송이버섯 … 8개
양파 … ½개
A
│ 소금 … ½작은술
│ 후추 … 적당량
식용유 … 1큰술
브랜디 (있다면) … 1작은술
토마토 페이스트 … 2큰술
화이트 와인 … ½컵
물 … ¾컵
B
│ 사워 크림 … 1큰술
│ 파프리카 파우더 … 1작은술
│ 소금 … ¼작은술
│ 후추 … 적당량
따듯한 밥 … 적당량
사워 크림 … 1큰술
다진 파슬리 (있다면) … 적당량

❶ 재료 준비
양송이는 밑동을 제거하고 두툼하게 편썰기를 한다. 양파는 다진다. 소고기는 1cm 두께로 먹기 좋은 크기로 썰고, A를 문질러 바른다.

❷ 고기를 굽고 꺼내기
프라이팬에 식용유 ½큰술을 넣고 강한 중불로 가열한 후, 기름이 충분히 뜨거워지면 소고기를 넣는다. 단면을 15초씩 가볍게 표면만 노릇노릇 굽고, 불을 끈 후 브랜디를 넣어 전체에 골고루 묻힌 다음에 꺼낸다.

❸ 조림 국물 만들기
프라이팬에 남은 여분의 기름기를 키친 타월로 흡수한 후, 식용유 ½큰술, 양파, 양송이를 넣고 약한 중불로 옅은 갈색이 될 때까지 2분 정도 볶는다. 토마토 페이스트를 넣고 가볍게 볶은 후, 화이트 와인을 넣고 강불로 가열하면서 나무 주걱 등으로 프라이팬 바닥을 문지르며 와인이 ⅓의 양이 될 때까지 졸인다.

❹ 재료를 넣고 조리기
분량의 물을 넣고 중불로 1분 정도 가열하다가 B로 간을 맞추고, 적당하게 걸쭉해지면 ②의 소고기를 넣고 가볍게 익힌다. 밥과 함께 담아 위에 사워 크림을 얹고, 있다면 파슬리를 뿌린다.

닭고기 크넬과 아스파라거스 크림 조림
Quenelles de poulet aux asperges vertes à la crème

크넬은 주로 생선이나 새우의 살을 갈아 만든 완자 같은 음식입니다.
닭고기로 만들면 감칠맛이 풍부해지고, 크림 소스를 곁들이면 더 부드러운 맛을 즐길 수 있습니다.

재료 (2~3인분)
【크넬】
닭가슴살 (껍질 없는 것) … 200g
A
│ 소금 … 1/3 작은술
│ 후추 … 적당량
│ 달걀 … 작은 것 1개
생크림 (유지방분 40% 이상) … 1/2컵

그린 아스파라거스 … 6개
양파 … 1/2개
식용유 … 1/2큰술
밀가루 … 1작은술
화이트 와인 … 1/2컵
물 … 3/4컵
생크림 (유지방분 40% 이상) … 1/2컵
소금, 후추, 굵게 간 흑후추 … 적당량

❶ 재료 준비
아스파라거스는 뿌리 근처의 단단한 껍질을 필러로 깎고, 5cm 길이로 어슷썰기 한다. 양파는 다진다.

❷ 크넬 만들기
닭가슴살을 깍둑썰기하고, 푸드 프로세서에 넣어 부드럽게 간다. A를 넣어 섞다가, 생크림을 넣어 매끄러워질 때까지 더 섞어준다.

❸ 조림 국물 만들기
프라이팬 혹은 냄비에 식용유를 넣고 뜨겁게 달군 후, 양파를 넣고 색이 변하지 않게 약한 중불로 2분 정도 볶는다. 밀가루를 뿌려 가볍게 섞고, 가루가 전체적으로 배어들면 화이트 와인을 넣은 다음, 강불로 가열하면서 나무 주걱 등으로 냄비 바닥을 문지르며 와인이 1/3의 양이 될 때까지 졸인다. 분량의 물, 생크림, 소금 1/4작은술을 넣는다.

❹ 재료를 넣고 조리기
③이 살짝 끓으면 ②를 스푼으로 한입 크기로 떠서 프라이팬 혹은 냄비에 살짝 넣는다. 뚜껑을 닫고 약한 중불로 2분 정도 끓이다가 크넬을 뒤집고, 또다시 2분 정도 끓여 속까지 익힌다. 아스파라거스를 넣어 1~2분 중불로 익히고, 적당히 걸쭉해지면 소금과 후추로 간을 맞춘 후에 굵게 간 흑후추를 뿌린다.

Point
한천 같은 부드러움이 특징인 크넬은 푸드 프로세서로 고기를 부드럽게 만드는 것이 포인트. 먼저 계란을 넣어 섞은 후, 생크림을 넣어 다시 한번 섞는다.

파슬리 풍미의 고기 완자와 달걀 토마토 조림
Marmitte de Boulettes de bœuf et œuf cocotte, persillée à la tomate.

단맛과 감칠맛이 나는 토마토 맛에, 파슬리의 상큼한 향기가 퍼지는 고기 완자가 인상적인 요리입니다. 마무리로 넣는 달걀은 취향에 따라 익혀서 드세요.

재료 (2~3인분)
【고기 완자】
다진 소고기 … 300g
양파 … ½개
파슬리 … 2줄기
달걀 … ½개
소금 … ⅓작은술

올리브유 … 1½큰술
마늘 (얇게 썬 것) … 작은 것 1쪽
화이트 와인 … ½컵
A
│ 토마토 통조림 (다이스드 컷) … ½캔 (200g)
│ 물 … ⅓컵
소금 … ¼작은술
달걀 … 2~3개
파프리카 파우더 … 적당량

❶ 고기 완자 만들기
양파는 다지고, 파슬리는 굵게 다진다. 볼에 양파 이외의 재료를 넣어 잘 반죽하고, 양파를 넣은 다음에 더 잘 섞어서 6등분으로 나눠 둥글게 완자를 만든다.

❷ 고기 완자를 굽고 꺼내기
프라이팬 혹은 냄비에 올리브유 ½큰술을 넣고 뜨겁게 달군 후, ①을 넣어 2분 정도 굽다가 뒤집어서 다른 면도 마찬가지로 굽고 꺼낸다.

❸ 조림 국물 만들기
프라이팬 혹은 냄비에 남은 여분의 기름기를 키친 타월로 흡수한 후, 올리브유 1큰술과 마늘을 넣고 약한 중불로 볶는다. 향이 나면 화이트 와인을 넣고 강불로 가열하면서, 나무 주걱 등으로 프라이팬 바닥을 문지르며 와인이 ⅓의 양이 될 때까지 졸인다.

❹ 재료를 넣고 조리기
A를 넣고 불의 세기를 약하게 하여 5분 정도 끓이고, 소금과 ②의 고기 완자를 넣고 5분을 더 끓인다. 마지막으로 달걀을 깨 넣어 취향에 맞게 익힌다. 마무리로 파프리카 파우더를 뿌린다.

소시지와 감자의 올리브 레몬 소스 조림
Saucisses et pommes de terre vapeur au vin blanc

감자와 소시지, 양파는 찰떡궁합의 조합입니다. 올리브와 레몬의 상큼한 맛을 더하면 더욱 맛있어진답니다.

재료 (2~3인분)

- 소시지 … 6개 (150g)
- 감자 … 2개
- 양파 … 1/2개
- 마늘 … 1쪽
- 올리브유 … 2큰술
- 소금, 후추 … 각각 적당량
- 화이트 와인 … 1/2컵
- A
  - 물 … 1/2컵
  - 올리브 (녹색) … 6알
  - 레몬 (원통 썰기 한 것) … 2장
  - 월계수 … 1장

❶ 재료 준비

감자는 1cm 폭으로 원통 썰기를 한다. 양파와 마늘은 얇게 썬다.

❷ 소시지를 굽고 꺼내기

프라이팬에 올리브유 약간(분량 외)을 넣고 뜨겁게 달군 후, 소시지를 넣어 노릇하게 잘 구운 후 꺼낸다.

❸ 조림 국물 만들기

프라이팬에 남은 여분의 기름기를 키친 타월로 흡수한 후, 올리브유와 ①을 넣고 가끔 섞어가면서 2분 정도 볶는다. 소금 1/3 작은술, 후추 약간으로 간을 맞추고, 화이트 와인을 넣는다. 강불로 가열하면서 나무 주걱 등으로 프라이팬 바닥을 문지르며 와인이 1/3의 양이 될 때까지 졸인다.

❹ 재료를 넣고 조리기

A를 넣고 뚜껑을 닫은 다음, 감자가 익을 때까지 5분 정도 약한 중불로 끓인다. 마무리로 ②의 소시지를 넣고 강불로 조림 국물의 양이 절반으로 줄어들 때까지 졸인다.

소 내장 화이트 와인 조림
Tripes au vin blanc

소 내장은 레몬이 들어간 뜨거운 물에 데치고, 감칠맛이 강한 베이컨과 곁들여 보세요.
이 두 가지 포인트만 확실히 하면, 잡내가 나지 않는 독특한 식감을 즐길 수 있습니다.

재료 (2~3인분)
소 내장 (밑준비가 된 상태) … 300g
셀러리 … ½개
당근 … ½개
양파 … ½개
마늘 … 1쪽
베이컨 (덩어리) … 60g
A
│ 레몬 (원통 썰기 한 것) … 2장
│ 식초 … 2큰술
올리브유 … 1큰술
화이트 와인 … ¾컵
B
│ 물 … 1컵
│ 타임 … 약간
│ 월계수 … 1장
│ 소금 … 1작은술
소금, 후추 … 각각 적당량
굵게 간 흑후추 … 적당량

❶ 재료 준비
냄비에 내장, 그리고 내장이 잠길 정도의 물(분량 외), A를 넣고 가열한다. 끓으면 불을 약하게 하고 10~15분 정도 끓이다가 물을 버린다. 셀러리는 7mm 폭으로 송송 썰고, 당근은 7mm 폭으로 반달썰기를 한다. 양파는 1.5cm로 빗썰기를 하고, 마늘은 얇게 썬다. 베이컨은 막대 썰기를 한다.

❷ 조림 국물 만들기
프라이팬 혹은 냄비에 올리브유를 넣고 ①의 내장 이외의 재료를 모두 넣은 후, 종종 저어주면서 약한 중불로 5분 정도 볶는다. 숨이 죽으면 내장을 넣고 가볍게 저은 후, 화이트 와인을 넣고 강불로 하여 와인이 ⅓의 양이 될 때까지 졸인다.

❸ 조리기
B를 넣고 끓으면 뚜껑을 비스듬히 얹어두고, 약한 중불로 15분 정도 끓인다. 강불로 해서 조림 국물을 가볍게 졸이고 소금, 후추로 간을 맞춘다. 그릇에 담은 후, 굵게 간 흑후추를 뿌린다.

Point
내장은 밑준비 처리가 다 된 것이더라도 원통 썰기를 한 레몬과 식초를 넣은 물로 삶으면 잡내가 사라져 먹기 좋아진다.

닭 간 레드 와인 조림
Foie de volaille mijoté au vin rouge

레드 와인에 꿀의 진한 단맛, 발사믹 식초의 감칠맛과 산미를 더하면
간을 부드럽게 먹을 수 있습니다. 대조적인 식감인 연근을 넣어 악센트를 주었습니다.

재료 (2~3인분)
닭 간 … 400g
연근 … 150g
A
│ 소금 … ⅔ 작은술
│ 후추 … 적당량
식용유 … ½ 큰술
버터 … 15g
레드 와인 … ¾ 컵
꿀 … ½ 큰술
발사믹 식초 … 1½ 큰술
소금, 후추 … 각각 적당량

❶ 재료 준비
간은 노란색 지방과 힘줄을 제거하고, 한입 크기로 썬다. 간이 잠길 정도의 우유(분량 외, 없으면 물이라도 됨)에 10분 정도 담갔다가, 손으로 살살 휘저어 핏물을 빼고 물로 가볍게 씻어낸다. 키친 타월로 물기를 꼼꼼하게 제거하고 A를 뿌린다. 연근은 1.5cm 두께로 은행 썰기를 한 후 물로 가볍게 씻고, 수분을 잘 제거한다.

❷ 채소를 볶고 꺼낸 후, 간 볶기
프라이팬에 식용유를 넣고 가열해, 기름이 뜨거워지면 연근을 넣고 노릇해질 때까지 강한 중불로 2~3분 정도 볶다가 꺼낸다. 프라이팬에 버터를 넣어 강한 중불로 가열하고, 버터가 녹아 끓으면서 색이 들기 시작하면 간을 넣어 전체적으로 노릇해지는 색이 돌 때까지 굽는다.

❸ 조리기
레드 와인과 꿀을 넣고 강불로 가열하다가, 끓어오르면 중불로 바꿔 종종 저어가며 와인이 절반으로 줄어들 때까지 3분 정도 졸인다. 발사믹 식초를 넣고 약불로 3분 정도 끓이고, 간이 익으면 중불로 조린다. 조림 국물이 걸쭉해지면 소금과 후추로 간을 맞추고, ②의 연근을 넣고 가볍게 섞어준다.

Point

노란 지방과 힘줄 부분은 잡내가 나고 식감도 좋지 않아 제거한다. 손으로 잡아 뜯거나 칼로 자른다.

Poissons
해산물로 만드는 가벼운 조림 요리

자칫 단조로워지기 쉬운 해산물 메뉴가 한층 다양해지는 '가벼운 조림 요리'.
재료의 맛과 조림 국물이 어우러져 만드는 하모니를 즐겨 보세요.

→ 연어 프리카세
(P.056)

연어 프리카세
Filet de saumon et chou blanc à la crème

생선을 촉촉하게 조리하려면 너무 오래 익히지 않는 게 좋아요.
겉면을 살짝 구운 생선을 조림 국물에 다시 넣고 재빨리 익혀주세요.
부드러운 맛의 연어 크림 조림은 아이도, 어른도 모두 좋아하는 맛입니다.

재료 (2~3인분)
생연어 혹은 토막 연어 … 2~3조각 (300g)
배추 … 2장 (200~250g)
양파 … ½개
A
│ 소금 (생선 밑준비용) … 1작은술
│ 후추 … 적당량
밀가루 … 적당량
식용유 … 1½큰술
화이트 와인 … ½컵
물 … ⅓컵
생크림 (유지방분 40% 이상) … ½컵
소금, 후추 … 각각 적당량
딜 … 적당량

❶ 재료 준비
배추는 가로로 5mm 폭으로 썰고, 양파는 다진다. 연어는 A의 소금을 문질러 바르고, 랩을 씌워 냉장고에 15분 정도 둔다. 표면을 가볍게 씻고, 키친 타월로 물기를 꼼꼼하게 제거한다. 반으로 썰어 A의 후추를 가볍게 뿌리고, 밀가루를 얇게 묻힌다.

❷ 생선을 굽고 꺼내기
프라이팬에 식용유 1큰술을 넣고 강한 중불로 가열해서, 기름이 뜨거워지면 연어의 껍질 부분을 아래로 해서 넣는다. 살짝 노릇한 색이 돌면 뒤집어 살점 쪽에도 가볍게 노릇한 색이 들도록 굽고 꺼낸다.

❸ 기름을 닦고, 향미 채소 볶기
프라이팬에 남은 여분의 기름기를 키친 타월로 흡수한 후, 식용유 ½큰술과 양파를 넣고 타지 않도록 약한 중불로 2분 정도 볶는다.

❹ 와인 졸이기
양파의 숨이 죽으면 화이트 와인을 넣고, 강불로 가열하면서 나무 주걱 등으로 프라이팬 바닥을 문지르며 와인이 ⅓의 양이 될 때까지 졸인다.

❺ 조림 국물 만들기
분량의 물, 배추, 생크림을 넣고 끓어오르면 뚜껑을 닫고, 배추의 숨이 죽을 때까지 약한 중불로 1분 정도 끓인다. 뚜껑을 열고 조림 국물이 적당히 걸쭉해질 때까지 강불로 졸이고, 소금과 후추로 간을 한다.

❻ 생선을 넣고 조리기
②의 연어를 넣고, 1분 정도 끓여 속까지 익힌다. 불을 끄고 마무리로 다진 딜을 얹는다.

꽁치 레드 와인 조림
Balaou du japon et compotée d'oignon au vin rouge

자두 같은 진한 풍미의 재료를 곁들이고, 레드와인을 듬뿍 넣어 충분히 졸인 다음, 식초로 상큼함을 더합니다.
이 세 가지가 꽁치의 감칠맛을 한층 더 끌어올려 줍니다.

재료 (2~3인분)
꽁치 … 2~3마리 (400g)
양파 … ½개
마늘 … 작은 것 1쪽
자두 (씨를 뺀 것) … 4~5알
A
│ 소금 (생선 밑준비용) … 1작은술
│ 후추 … 적당량
식용유 … 2큰술
밀가루 … 1작은술
레드 와인 … 1컵
B
│ 물 … ½컵
│ 레드 와인 비네거 (화이트도 가능) … 1큰술
│ 월계수 … 1장
│ 타임 (생이 아니면 드라이를 조금) … 3줄기
소금, 후추 … 각각 적당량

❶ 재료 준비
꽁치는 머리와 내장, 꼬리를 제거하고 길이가 절반이 되게 썬다. A의 소금을 문질러 바르고, 랩을 씌워 냉장고에 15분 정도 둔다. 표면을 가볍게 씻고, 키친 타월로 물기를 꼼꼼하게 제거한 후에 A의 후추를 가볍게 뿌린다. 양파는 얇게 썰고, 마늘은 다지며, 자두는 굵게 다진다.

❷ 생선을 굽고 꺼내기
프라이팬에 식용유 1큰술을 넣고 강한 중불로 가열해서, 기름이 충분히 뜨거워지면 꽁치를 넣고 표면이 노릇해질 때 꺼낸다.

❸ 조림 국물 만들기
프라이팬에 남은 여분의 기름기를 키친 타월로 흡수한 후, 식용유 1큰술과 양파, 마늘을 넣고 옅은 갈색이 돌 때까지 약한 중불로 2분 정도 볶는다. 밀가루를 뿌려 가볍게 젓고, 밀가루가 잘 섞이면 레드 와인을 넣은 후에 강불로 가열하면서, 나무 주걱 등으로 프라이팬 바닥을 문지르며 와인이 ⅓의 양이 될 때까지 졸인다.

❹ 재료를 넣고 조리기
B, 자두, ❷의 꽁치를 넣고, 끓으면 뚜껑을 닫은 후, 약한 중불로 2분 정도 끓인다. 꽁치가 익으면 뚜껑을 열고, 강불로 조림 국물의 양이 절반으로 줄어들 때까지 졸인 후에 소금과 후추로 간을 맞춘다.

Point
꽁치처럼 비린내가 강한 생선은 생선 자체에 밀가루를 뿌리면 그 잡내가 갇히기 때문에, 생선에 뿌리지 말고 볶은 양파에 밀가루를 뿌려 걸쭉하게 만든다.

굴과 파가 들어간 프리카세
Huîtres chaudes aux poireaux à la crème

탱글하게 익은 굴에, 파의 단맛, 크리미한 소스.
이 세 가지가 어우러져 최고의 맛을 만들어냅니다.
하얗게 완성하기 위해, 굴은 색이 나지 않도록 살짝만 구워줍니다.

재료 (2~3인분)
굴 (가열용) … 10개
파 … 2줄기
A
│ 소금 … 적당량
│ 후추 … 적당량
밀가루 … 적당량
버터 … 15g
화이트 와인 … ½컵
물 … ¼컵
생크림 (유지방분 40% 이상) … ½컵
소금, 후추 … 각각 적당량

❶ 재료 준비
파는 가늘게 어슷썰기를 한다. 굴은 녹말 1작은술과 소량의 물(각각 분량 외)을 넣고 전체를 잘 섞는다. 녹말이 회색빛이 되면 물로 씻어, 키친 타월로 물기를 꼼꼼하게 제거한다. A를 가볍게 뿌리고, 밀가루를 얇게 묻힌다.

❷ 굴을 굽고 꺼내기
프라이팬에 버터 10g을 넣고 중불로 가열해서, 버터가 녹아 끓으면 굴을 넣고 양면을 가볍게 (너무 노릇해지지 않도록) 구워 꺼낸다.

❸ 조림 국물 만들기
②의 프라이팬에 버터 5g을 넣고 약한 중불로 가열해서, 버터가 녹아 끓으면 파를 넣고 타지 않도록 2~3분 정도 볶는다. 숨이 죽으면 화이트 와인을 넣은 후에 강불로 가열하면서, 나무 주걱 등으로 프라이팬 바닥을 문지르며 와인이 ⅓의 양이 될 때까지 졸인다. 분량의 물, 생크림을 넣고 조림 국물의 양이 절반으로 줄어들 때까지 졸인 후에 소금과 후추로 간을 맞춘다.

❹ 굴을 넣고 졸이기
②의 굴을 넣고, 30초~1분 정도 끓인다.

Point
굴은 녹말과 물을 섞어 주무르면 주름 사이의 이물질이 빠진다. 녹말이 회색으로 변하면 이물질을 흡착했다는 뜻이므로 꼼꼼하게 씻어낸다.

→ 새우와 감자 토마토 크림 조림
(P.064)

→ 대구와 바지락, 콜리플라워 화이트 와인 조림
(P.065)

새우와 감자 토마토 크림 조림
Marmite de crevettes à la crème

토마토와 레몬의 산미로, 감칠맛이 나면서도 산뜻한 크림 조림.
새우는 정성스럽게 손질한 뒤 살짝 볶아, 짧은 시간 동안 조리하면 탱글탱글해져요!

재료 (2~3인분)
새우 (블랙 타이거 등) … 중 12마리
토마토 … 큰 것 1개
새송이버섯 … 1팩 (100g)
감자 … 1개
양파 … ½개
마늘 … 작은 것 1쪽
A
│ 소금, 후추 … 적당량
올리브유 … 1큰술
화이트 와인 … ⅓ 컵
물 … ½ 컵
생크림 (유지방분 40% 이상) … ⅓ 컵
소금, 후추 … 각각 적당량
레몬즙 … 1큰술

❶ 재료 준비
토마토는 뜨거운 물로 껍질을 벗기고 씨를 제거한 다음, 큼직하게 썬다. 새송이버섯은 마구썰기를 하고, 감자는 2cm로 깍둑썰기한다. 양파와 마늘은 다진다. 새우는 등의 내장을 떼어내고 껍질을 깐 다음, 볼에 넣고 녹말 1작은술과 소량의 물(각각 분량 외)을 넣어 잘 섞는다. 녹말이 회색빛이 되면 물로 씻어, 키친 타월로 물기를 꼼꼼하게 제거한다. A를 가볍게 뿌린다.

❷ 새우를 볶고 꺼내기
프라이팬 혹은 냄비에 올리브유 ½큰술을 넣고 중불로 가열해서, 기름이 뜨거워지면 새우를 넣고 가볍게 볶은 후 꺼낸다.

❸ 조림 국물 만들기
②의 프라이팬 혹은 냄비에 올리브유 ½큰술과 양파, 마늘을 넣고 타지 않도록 약한 중불로 2분 정도 볶는다. 숨이 죽으면 화이트 와인을 넣은 후에 강불로 가열하면서, 나무 주걱 등으로 냄비 바닥을 문지르며 와인이 ⅓의 양이 될 때까지 졸인다.

❹ 재료를 넣고 조리기
새송이버섯, 감자, 분량의 물, 토마토를 넣고 뚜껑을 닫은 후, 약한 중불로 8분 정도 끓인다. 감자가 익으면 뚜껑을 열고, 조림 국물의 양이 절반으로 줄어들 때까지 강불로 졸인다. 생크림을 넣고 더 졸여서 적당히 걸쭉해지면, 소금과 후추로 간을 맞춘다. ②의 새우를 다시 넣고, 가볍게 조린다. 마무리로 레몬즙을 넣고 불을 끈다.

Point
토마토는 씨앗이 있으면 조릴 때 물이 생기기 때문에 스푼 손잡이 등으로 씨를 제거한다.

대구와 바지락, 콜리플라워 화이트 와인 조림
Sauté de cabillaud au vin blanc et chou-fleur

바지락 육수를 듬뿍 머금고 부드럽게 부서지는 대구와 콜리플라워가 맛있습니다.
마무리로 넣는 버터의 달콤한 향기가 살며시 퍼져요.

재료 (2~3인분)
바지락 … 250g
대구 (소금 밑간한 것) … 2~3토막 (250g)
콜리플라워 … 1/2개 (250g)
양파 … 1/3개
마늘 … 작은 것 1쪽
후추 … 적당량
밀가루 … 적당량
식용유 … 1½ 큰술
화이트 와인 … 1/2컵
물 … 1/3컵
소금, 후추 … 각각 적당량
버터 … 10g
굵게 간 흑후추 … 적당량

❶ 재료 준비
바지락은 얕은 그릇에 담고, 해수만큼(3% 염분)의 소금물을 잠길 정도로 부어 2시간 정도 해감한 후에 껍데기를 문질러 씻는다. 콜리플라워는 작은 송이로 나눈다. 양파와 마늘은 다진다. 대구는 키친 타월로 물기를 꼼꼼하게 제거한 후, 반으로 썰어 후추를 가볍게 뿌리고 밀가루를 얇게 묻힌다.

❷ 생선을 굽고 꺼내기
프라이팬 혹은 냄비에 식용유 1큰술을 넣고 중불로 가열해서, 기름이 뜨거워지면 대구의 껍질을 아래로 해서 넣는다. 표면을 가볍게 굽고 꺼낸다.

❸ 조림 국물 만들기
②의 프라이팬 혹은 냄비에 식용유 ½큰술과 양파, 마늘을 넣고 약한 중불로 타지 않게 2분 정도 볶는다. 양파의 숨이 죽으면 화이트 와인을 넣은 후에 강불로 바꾸고, 나무 주걱 등으로 냄비 바닥을 문지르며 와인이 1/3의 양이 될 때까지 졸인다.

❹ 재료를 넣고 조리기
콜리플라워와 분량의 물을 넣고 뚜껑을 닫은 후, 5분 정도 끓인다. 바지락을 넣고 다시 뚜껑을 닫은 다음, 바지락 입이 벌어질 때까지 찐다. 소금과 후추로 간을 맞추고, 버터와 ②의 대구를 넣어 1분 정도 끓인다. 마무리로 굵게 간 흑후추를 뿌린다.

Point

바지락은 포개서 넣으면 토해낸 모래를 다시 흡입하므로, 넓적한 배트 같은 얕은 용기에 넣고, 조개 머리가 살짝 나올 정도의 소금물에서 해감한다.

해산물 프리카세
Marmite de la mer

세 종류의 해산물 맛이 어우러진 호화 크림 조림입니다.
해산물을 각각 꼼꼼하게 밑준비로 손질하는 게 맛을 내는 포인트입니다.

재료 (2~3인분)
대합 … 작은 것 6개
새우 (블랙 타이거 등) … 대 6마리
가리비 조개관자 … 4~6개
양송이버섯 … 8개
양파 … 1/2개
A
│ 소금, 후추 … 각각 적당량
버터 … 10g
밀가루 … 1/2큰술
화이트 와인 … 1/2컵
B
│ 물 … 1/4컵
│ 생크림 (유지방분 40% 이상) … 1/2컵
소금, 후추 … 각각 적당량

❶ 재료 준비
대합을 해감한다(P.065의 만드는 법 ①에서 바지락 손질법 참조). 새우는 등의 내장을 떼어내고 껍질을 간 다음, 볼에 넣고 녹말 1작은술과 소량의 물(각각 분량 외)을 넣어 잘 섞는다. 녹말이 회색빛이 되면 물로 씻어, 키친 타월로 물기를 꼼꼼하게 제거한 뒤 가리비와 함께 A를 가볍게 뿌려준다. 양송이버섯은 밑동을 잘라내 절반으로 자르고, 양파는 다진다.

❷ 해산물을 굽고 꺼내기
프라이팬 혹은 냄비에 버터 5g을 넣고 중불로 가열한다. 버터가 녹아 끓으면 새우와 가리비를 넣고 버터를 골고루 묻히면서 가볍게 볶다가, 새우의 표면이 붉어지면 꺼낸다(속까지 익히지 않는다).

❸ 조림 국물 만들기
②의 프라이팬 혹은 냄비에 버터 5g을 넣고 약한 중불로 가열해서, 버터가 녹아 끓으면 양파를 넣고 타지 않도록 1분 정도 볶는다. 숨이 죽으면 밀가루를 뿌려 가볍게 섞고, 밀가루가 잘 섞이면 화이트 와인을 넣은 후에 강불로 가열하면서, 나무 주걱 등으로 냄비 바닥을 문지르며 와인이 1/3의 양이 될 때까지 졸인다.

❹ 재료를 넣고 조리기
B와 양송이버섯을 넣고 강한 중불로 조리다가, 조림 국물이 적당히 걸쭉해지면 대합을 넣는다. 대합의 입이 벌어지면 소금과 후추로 간을 하고, ②의 해산물을 넣어 30초~1분 정도 끓인다.

오징어 파르시
Calmar farci

오징어 속에 넣는 밥은 치즈와 바질을 더해 이탈리아풍으로.
탱글하게 부풀어 오르는 순간이 다 익었다는 신호입니다.

재료 (2~3인분)
오징어 (살오징어나 화살오징어 같은 작은 것)
　　… 2마리
토마토 … 1개
주키니 … 작은 것 1개
양파 … ½개
마늘 … 작은 것 ½쪽

【오징어 속】
따뜻한 밥 … 100g
바질 … 2장
파마산 치즈 … 1큰술
소금 … 약간
후추 … 적당량

올리브유 … 1½큰술
화이트 와인 … ½컵
물 … ½컵
소금, 후추 … 각각 적당량
올리브유 (마무리용) … 1큰술

❶ 재료 준비
오징어는 다리와 내장을 제거하고, 몸통은 껍질을 벗긴다. 다리는 문질러 씻고, 빨판 주변의 딱딱한 부분을 제거한 뒤, 다리 끝부분을 잘라낸다. 토마토는 끓는 물에 데쳐 껍질을 벗기고, 굵게 다진다. 주키니는 원통 썰기를 하고 양파와 마늘은 다진다. 오징어 속에 들어갈 바질은 굵게 다진다.

❷ 파르시 만들기
볼에 오징어 속으로 들어갈 재료, 토마토의 ¼ 양을 넣고 잘 섞는다. ①의 오징어 몸통 속에 넣고 입구를 이쑤시개로 꽂아 닫는다.

❸ 오징어를 굽고 꺼내기
프라이팬에 올리브유 ½큰술을 넣고 중불로 가열해 기름이 뜨거워지면, 오징어를 나란히 놓고 양면을 가볍게 굽고 꺼낸다. 오징어 다리도 가볍게 볶고 꺼낸다.

❹ 조림 국물 만들기
③의 프라이팬에 올리브유 1큰술을 넣고, 양파와 마늘을 넣은 후 약한 중불로 가열해서 타지 않게 2분 정도 볶는다. 숨이 죽으면 화이트 와인을 넣은 후에 강불로 바꾸고, 나무 주걱 등으로 프라이팬 바닥을 문지르며 와인이 ⅓의 양이 될 때까지 졸인다.

❺ 재료를 넣고 조리기
나머지 토마토와 주키니, ③의 오징어와 분량의 물을 넣고, 끓어오르면 뚜껑을 닫고 약한 중불로 3분 정도 끓인다. 오징어를 한 번 뒤집고 다시 뚜껑을 닫고 3분 정도 끓인다. 뚜껑을 열고 조림 국물의 양이 ⅔ 정도가 될 때까지 강불로 졸인다. 소금과 후추로 간을 맞추고, 마무리로 올리브유를 뿌린다.

Point
오징어는 가열하면 쪼그라들기에,
속재료는 너무 꽉꽉 채우지 않는다.

레몬 커민 풍미의
문어와 셀러리 조림
Salade de céleri au poulpe

향신료와 레몬의 상큼함이 여름에 어울리는 조림 요리.
문어는 가볍게 익혀야 하므로, 곁들이는 채소도 빨리 익는 것을 넣어요.

재료 (2~3인분)
삶은 문어 … 150g
셀러리 … 1개
양파 … ½개
레몬 (원통 썰기 한 것) … 2장
올리브유 … 2큰술
고수 (알갱이) … 1작은술
커민 시드 … ½작은술
화이트 와인 … ½컵
물 … ¼컵
소금, 후추 … 각각 적당량

❶ 재료 준비
문어는 토막을 낸다. 셀러리는 줄기의 질긴 섬유질을 제거하고 7mm 폭으로 어슷썰기를 하고, 양파는 얇게 썬다.

❷ 문어를 굽고 꺼내기
프라이팬 혹은 냄비에 올리브유 ½ 큰술을 넣고 중불로 가열해서, 기름이 뜨거워지면 문어를 넣고 가볍게 볶은 다음에 꺼낸다.

❸ 조림 국물 만들기
②의 프라이팬 혹은 냄비에 남은 여분의 수분을 키친 타월로 흡수한 후, 올리브유 1½ 큰술과 고수, 커민 시드를 넣고 약불에 얹어 향이 나면, 양파, 셀러리, 레몬을 넣고 약한 중불로 1분 정도 볶는다. 화이트 와인을 넣은 후에 강불로 가열하면서, 나무 주걱 등으로 냄비 바닥을 문지르며 와인이 ⅓의 양이 될 때까지 졸인다. 분량의 물을 넣고, 끓으면 약한 중불로 해서 1분 정도 끓이다가 소금과 후추로 간을 맞춘다.

❹ 문어를 넣고 졸이기
②의 문어를 넣고 살짝 데운다.

Point
고수와 커민 시드는 약한 불로 천천히 볶아 향을 끌어낸다.

홍합과 크레송 크림 소스
Moules marinières au cresson

홍합에서 우러난 진한 육즙에 생크림을 더한 맛이 정말 일품이에요!
마지막 한 방울까지 남기지 말고 빵에 찍어 먹어보세요.
크레송의 쌉싸름함이 맛의 포인트랍니다.

재료 (2~3인분)
홍합 … 12개
크레송 … 1다발
양파 … ¼개
마늘 … 작은 것 1쪽
버터 … 10g
월계수 … 1장
화이트 와인 … ½컵
생크림 (유지방분 40% 이상) … ½컵
소금, 후추 … 각각 적당량

❶ 재료 준비
홍합은 표면을 수세미 등으로 깨끗하게 문질러 씻고, 조개에서 튀어나온 실 같은 족사를 뜯어낸다. 크레송은 먹기 좋은 크기로 썬다. 양파와 마늘은 다진다.

❷ 홍합 찌기
냄비에 버터를 넣고 약한 중불로 가열해서, 버터가 녹아 끓으면 양파와 마늘을 넣고 타지 않도록 2분 정도 볶는다. 숨이 죽으면 홍합, 월계수, 화이트 와인을 넣고 뚜껑을 닫은 후에 강한 중불로 찐다.

❸ 조림 국물 만들기
홍합의 입이 벌어지면 꺼내고, 찜 국물이 절반이 될 때까지 강불로 졸인다. 생크림을 넣고 졸여서 적당히 걸쭉해지면 소금과 후추로 간을 맞춘다.

❹ 재료를 넣고 조리기
홍합과 크레송을 넣고 전체를 섞은 뒤, 끓어오르면 불을 끈다.

Point

홍합은 수염처럼 튀어나와 있는 족사를 제거한다. 위아래로 움직이면 당겨 빼내기 쉽다.

고등어 양파 머스터드 비네거 조림
Maquereaux à la moutarde

머스터드와 비네거로 고등어를 조리면 특유의 비린내가 빠지고 좋은 맛만 남게 됩니다.
퍼석거리지 않도록, 가열 시간은 2분 정도면 충분해요.

재료 (2~3인분)
고등어 (뼈를 발라내고 두 조각으로 손질한 것)
　… 1마리 분량
A
│ 소금 (생선 밑준비용) … 1작은술
│ 후추 … 적당량
양파 … ⅓개
마늘 … 작은 것 1쪽
식용유 … 2큰술
화이트 와인 … ½컵
물 … ¼컵
레드 와인 비네거 (화이트도 가능) … 1큰술
홀 그레인 머스터드 … 2큰술
소금, 후추 … 각각 적당량
파슬리 (다진 것) … 적당량

❶ 재료 준비
고등어는 배의 뼈를 발라내고, A의 소금을 문질러 발라 랩을 씌워 냉장고에 15분 정도 둔다. 표면을 가볍게 씻고, 키친 타월로 물기를 꼼꼼하게 제거한 후에 A의 후추를 가볍게 뿌린다. 양파와 마늘은 다진다.

❷ 생선을 굽고 꺼내기
프라이팬에 식용유 1큰술을 넣고 강한 중불로 가열해서, 기름이 충분히 뜨거워지면 고등어의 껍질을 아래로 해서 넣는다. 한동안 건드리지 않고 노릇하게 색이 들면 뒤집어서 살점 쪽도 가볍게 굽고 꺼낸다.

❸ 조림 국물 만들기
프라이팬에 남은 여분의 기름기를 키친 타월로 흡수한 후, 식용유 1큰술과 양파, 마늘을 넣고 약한 중불로 가열한다. 타지 않도록 2분 정도 볶다가, 숨이 죽으면 화이트 와인을 넣은 후에 강불로 가열하면서, 나무 주걱 등으로 프라이팬 바닥을 문지르며 와인이 ⅓의 양이 될 때까지 졸인다.

❹ 재료를 넣고 조리기
분량의 물, 와인 비네거를 넣고 끓어오르면, ②의 고등어를 넣고 뚜껑을 닫은 후에 약한 중불로 2분 정도 끓인다. 머스터드를 넣고 가볍게 저은 후에 소금과 후추로 간을 맞추고, 다진 파슬리를 뿌린다.

Point
고등어는 껍질 쪽을 아래로 해서 바삭하게 굽는다. 살점이 있는 곳은 가볍게 굽기만 해도 된다.

가리비 관자와 백합근 프리카세
Noix de Saint-Jacques et Yuriné à la crème

가리비 관자와 백합근을 넣은 흰색 크림 조림.
겉모습 그대로 부드러운 맛이 납니다.
백합근의 포근포근한 식감도 맛이 좋아요.

재료 (2~3인분)
가리비 관자 … 6~9개
백합근 … 1개
양파 … ¼개
소금, 후추 … 각각 적당량
버터 … 15g
화이트 와인, 물, 생크림 (유지방분 40% 이상)
　… 각각 ½컵

❶ 재료 준비
백합근은 1장씩 벗겨내고 흙이나 먼지 등을 씻은 후, 갈색 부분이 있으면 칼로 베어낸다. 양파는 다진다. 가리비 관자는 키친 타월로 물기를 닦고, 가볍게 소금과 후추를 뿌린다.

❷ 가리비를 굽고 꺼내기
프라이팬에 버터 10g을 넣고 중불로 가열한다. 버터가 녹아 끓으면 가리비 관자를 넣고 표면만 살짝 익힌 다음에 꺼낸다.

❸ 조림 국물 만들기
②의 프라이팬에 버터 5g을 넣고 약한 중불로 가열해서, 버터가 녹아 끓으면 양파를 넣고 타지 않도록 1~2분 볶는다. 숨이 죽으면 화이트 와인을 넣은 후 강불로 가열하면서, 나무 주걱 등으로 프라이팬 바닥을 문지르며 와인이 ⅓의 양이 될 때까지 졸인다.

❹ 재료를 넣고 조리기
분량의 물, 백합근을 넣고 뚜껑을 닫은 후에 약한 중불로 3분 정도 끓인다. 백합근이 익으면 생크림을 넣고 강불로 끓이다, 적당히 걸쭉해졌을 때 소금과 후추로 간을 맞춘다. ②의 가리비 관자를 넣고 가볍게 데운다.

Point

백합근은 비늘잎을 한 장씩 살살 벗겨내고, 뿌리에 붙은 흙과 오물을 잘 제거한다.

흰살생선 올리브 소스
Filet de poisson sauce pissaladière

담백한 맛의 흰살생선은 가다랑어 육수에 조리는 느낌으로
앤초비와 올리브를 함께 넣어 조립니다.
감칠맛이 더해지면서 한층 더 맛이 좋아지지요!

재료 (2~3인분)
흰살생선 토막 (도미 등) … 2~3조각 (300g)
양파 … ½개
마늘 … 작은 것 1쪽
올리브 (녹색, 씨 없는 것) … 15알
앤초비 필레 … 1장
A
│ 소금 (생선 밑준비용) … 1작은술
│ 후추 … 적당량
올리브유 … 3큰술
밀가루 … 1작은술
화이트 와인 … ½컵
물 … ½컵
소금, 후추 … 각각 적당량
이탈리안 파슬리 … 적당량

❶ 재료 준비
흰살생선은 A의 소금을 문질러 발라 랩을 씌워 냉장고에 15분 정도 둔다. 표면을 가볍게 씻고, 키친 타월로 물기를 꼼꼼하게 제거한 후에, A의 후추를 가볍게 뿌린다. 양파와 마늘은 다지고, 올리브와 앤초비는 굵게 다진다.

❷ 생선을 굽고 꺼내기
프라이팬에 올리브유 1큰술을 넣고 약한 중불로 가열해서, 기름이 충분히 뜨거워지면 흰살생선의 껍질을 아래로 해서 넣는다. 노릇하게 색이 들면 뒤집고, 살점 쪽은 가볍게 굽고 꺼낸다.

❸ 조림 국물 만들기
프라이팬에 남은 여분의 기름기를 키친 타월로 흡수한 후, 올리브유 1큰술과 양파, 마늘을 넣고 타지 않도록 약한 중불로 2분 정도 볶는다. 숨이 죽으면 밀가루를 뿌리고 가볍게 휘저어 밀가루가 잘 섞이면, 화이트 와인을 넣은 후에 강불로 가열하면서, 나무주걱 등으로 프라이팬 바닥을 문지르며 와인이 ⅓의 양이 될 때까지 졸인다.

❹ 재료를 넣고 조리기
분량의 물, 올리브, 앤초비를 넣고 1분 정도 끓이다가, ②의 흰살생선을 넣고 뚜껑을 닫은 후에 약한 중불로 2~3분 정도 끓인다. 익으면 소금과 후추로 간을 맞추고, 올리브유 1큰술을 넣은 후에 이탈리안 파슬리를 다져서 뿌린다.

청새치 토마토 케이퍼 소스
Espadon sauce tomate et câpres

청새치는 고기 같은 맛과 볼륨감이 있는 게 특징입니다.
잘게 다져 맛을 낸 케이퍼와 토마토 통조림으로 더 환상적인 맛을 낼 수 있습니다.

재료 (2~3인분)
청새치 … 2~3조각 (300g)
양파 … ½개
마늘 … 작은 것 1쪽
케이퍼 … 1큰술
A
| 소금 (생선 밑준비용) … 1작은술
| 후추 … 적당량
올리브유 … 2큰술
화이트 와인 … ½컵
B
| 토마토 통조림 (다이스드 컷) … ½캔 (200g)
| 물 … ¼컵
소금, 후추 … 각각 적당량
파슬리 (다진 것) … 적당량

❶ 재료 준비
청새치에 A의 소금을 문질러 발라 랩을 씌워 냉장고에 10분 정도 둔다. 표면을 가볍게 씻고, 키친 타월로 물기를 꼼꼼하게 제거한 후에, A의 후추를 가볍게 뿌린다. 양파와 마늘은 다지고, 케이퍼는 굵게 다진다.

❷ 생선을 굽고 꺼내기
프라이팬에 올리브유 1큰술을 넣고 약한 중불로 가열해서, 기름이 충분히 뜨거워지면 청새치를 넣고 표면을 가볍게 굽고 꺼낸다.

❸ 조림 국물 만들기
프라이팬에 남은 여분의 기름기를 키친 타월로 흡수한 후, 올리브유 1큰술과 양파, 마늘을 넣고 타지 않도록 약한 중불로 2분 정도 볶는다. 숨이 죽으면 화이트 와인을 넣은 후에 강불로 가열하면서, 나무 주걱 등으로 프라이팬 바닥을 문지르며 와인이 ⅓의 양이 될 때까지 졸인다. B와 케이퍼를 넣고 조림 국물이 ⅔의 양이 될 때까지 중불로 끓인 후, 소금과 후추로 간을 맞춘다.

❹ 재료를 넣고 조리기
②의 청새치를 넣고 1분 정도 익히다가 불을 끄고, 다진 파슬리를 뿌린다.

Point

케이퍼는 통째로 사용하지 말고, 잘게 썰어서 넣으면 풍미가 더 잘 살아난다.

진저 발사믹 풍미의 방어 조림
Sériole à la balsamique

발사믹 식초 사용은 방어 데리야키에서 나온 발상입니다.
가열하여 산미를 부드럽게 하고, 생강과 머스터드로 산뜻한 맛을 더해주세요.

재료 (2~3인분)
방어 토막 … 2~3조각 (300g)
양파 … ½개
생강 … 작은 것 1쪽
A
| 소금 (생선 밑준비용) … 1작은술
| 후추 … 적당량
올리브유 … 1큰술
B
| 레드 와인 … ½컵
| 발사믹 식초 … 2큰술
물 … ½컵
프렌치 머스터드 … 1큰술
소금, 후추 … 각각 적당량
설탕 … 1꼬집
굵게 간 흑후추 … 적당량

❶ 재료 준비
방어에 A의 소금을 문질러 발라, 랩을 씌워 냉장고에 15분 정도 둔다. 표면을 가볍게 씻고, 키친 타월로 물기를 꼼꼼하게 제거한 후에 A의 후추를 가볍게 뿌린다. 양파와 생강은 얇게 썬다.

❷ 생선을 굽고 꺼내기
프라이팬에 올리브유 ½큰술을 넣고 강한 중불로 가열해서, 기름이 충분히 뜨거워지면 방어를 넣고 표면을 가볍게 굽고 꺼낸다.

❸ 조림 국물 만들기
프라이팬에 남은 여분의 기름기를 키친 타월로 흡수한 후, 올리브유 ½큰술과 양파, 생강을 넣고 약한 중불로 2분 정도 볶는다. 약간 갈색빛이 돌면 B를 넣고 강불로 해서, 나무 주걱 등으로 프라이팬 바닥을 문지르며 조림 국물이 ⅓의 양이 될 때까지 강불로 졸인다.

❹ 재료를 넣고 조리기
분량의 물을 넣고 1분 정도 끓이다가, ②의 방어를 넣고 뚜껑을 닫아 약한 중불로 2분 정도 끓인다. 방어가 익으면 머스터드, 소금, 후추, 설탕으로 간을 맞춘다. 그릇에 방어를 담고 굵게 간 흑후추를 뿌린다.

남프랑스풍 흰살생선 베이컨말이
Filet de poisson à la méditerranéenne

깔끔한 맛의 흰살생선을 베이컨으로 말아, 깊은 감칠맛을 더합니다.
올리브와 드라이 토마토를 조미료처럼 써서 악센트를 주는 것도 포인트입니다.

재료 (2~3인분)

- 흰살생선 토막 … 2~3조각 (250g)
- 베이컨 … 4장
- 양파 … 1/3개
- 마늘 … 작은 것 1쪽
- 소금, 후추 … 각각 적당량
- 올리브유 … 2큰술
- 밀가루 … 1작은술
- 화이트 와인 … 1/2컵
- 드라이 토마토 … 3장
- 올리브 (녹색과 검은색, 씨 없는 것) … 총 10알
- 물 … 1/3컵
- 파슬리 (다진 것) … 적당량

① 재료 준비

드라이 토마토는 미지근한 물에 3분 정도 담가서 부드럽게 하고 잘게 다진다. 올리브는 원통 썰기를 한다. 흰살생선은 뼈와 껍질을 제거하고 8등분으로 어슷썰기 해서 가볍게 후추를 뿌린 후, 길이를 절반으로 썬 베이컨으로 돌돌 만다. 양파와 마늘은 다진다.

② 생선을 굽고 꺼내기

프라이팬에 올리브유 1큰술을 넣고 중불로 가열해서, ①의 베이컨말이가 끝나는 부분을 아래로 해서 넣는다. 단단히 익으면 뒤집어서 가볍게 굽고 꺼낸다.

③ 조림 국물 만들기

프라이팬에 남은 여분의 기름기를 키친 타월로 흡수한 후, 올리브유 1큰술과 양파, 마늘을 넣고 타지 않도록 약한 중불로 2분 정도 볶는다. 숨이 죽으면 밀가루를 뿌려 가볍게 섞고, 밀가루가 잘 섞이면 화이트 와인을 넣은 후에 강불로 가열하면서, 나무 주걱 등으로 프라이팬 바닥을 문지르며 와인이 1/3의 양이 될 때까지 졸인다.

④ 재료를 넣고 조리기

드라이 토마토와 분량의 물을 넣고, 종종 섞어가면서 약불로 2분 정도 끓이다가, 소금과 후추로 간을 맞춘다. ②의 생선과 올리브를 넣고 30초 정도 끓인 후, 그릇에 담아 다진 파슬리를 뿌린다.

Légumes

채소로 만드는 가벼운 조림 요리

채소를 맛있게 먹고 싶다!
그 마음은 어느 나라 사람이든 같을 거예요.
고기나 해산물의 감칠맛을 듬뿍 머금은 맛있는 채소를 꼭 맛보세요.

→ 콜리플라워와 게살 프리카세
(P.086)

콜리플라워와 게살 프리카세
Fricassée de chou-fleur au crabe

채소의 가벼운 조림에는, 맛을 내기 위해 단백질 재료를 넣는 게 핵심입니다.
채소는 가볍게 볶고 표면을 기름으로 코팅하면, 무르는 것을 방지할 수 있어요.
크림이 듬뿍 묻은 콜리플라워와 게를 함께 맛보세요.

재료 (2~3인분)

콜리플라워 … 400g

양파 … ⅓ 개

게살 (잘게 찢은 것) … 60g

버터 … 15g

화이트 와인, 물, 생크림 (유지방분 40% 이상)
 … 각각 ½ 컵

소금, 후추 … 각각 적당량

❶ 재료 준비

콜리플라워는 작은 송이로 나눈다. 양파는 얇게 썬다.

❷ 재료를 볶고 꺼내기

프라이팬 혹은 냄비에 버터 10g을 넣고 약한 중불로 가열해서, 버터가 녹아 끓으면 콜리플라워를 넣은 후에 버터를 골고루 묻히듯 볶는다. 소금 ⅓ 작은술로 밑간을 하고 꺼낸다.

❸ 조림 국물 만들기

②의 프라이팬 혹은 냄비에 양파를 넣고 타지 않도록 2분 정도 볶는다. 숨이 죽으면 화이트 와인을 넣은 후에 강불로 가열하면서, 와인이 ⅓의 양이 될 때까지 졸인다.

❹ 재료를 넣고 조리기

콜리플라워와 분량의 물을 넣고 뚜껑을 닫은 후, 콜리플라워가 원하는 정도의 익힘이 될 때까지 가열한다. 뚜껑을 열고 강불로 조림 국물이 절반이 될 때까지 졸인다.

❺ 간을 맞추고 게살 넣기

마무리로 생크림을 넣고 적당히 조린다. 소금과 후추로 간을 맞추고, 버터 5g과 게를 넣고 전체를 잘 섞는다.

버섯과 닭가슴살 크림 조림
Marmite de poulet aux champignons à la crème

여러 종류의 버섯을 포르치니 버섯을 불린 물로 조립니다.
요리 전체의 깊은 맛이 더해지고, 풍부한 향이 입안 가득 퍼집니다!

재료 (2~3인분)
포르치니 버섯 (건조) ⋯ 3g
만가닥버섯, 표고버섯, 양송이버섯,
　새송이버섯 ⋯ 400g
양파 ⋯ ½개
닭가슴살 ⋯ 200g
A
　│ 소금 ⋯ ⅓작은술
　│ 후추 ⋯ 적당량
밀가루 ⋯ 적당량
식용유 ⋯ 2큰술
버터 ⋯ 5g
화이트 와인 ⋯ ½컵
생크림 (유지방분 40% 이상) ⋯ ¼컵
소금, 후추, 굵게 간 흑후추 ⋯ 각각 적당량

❶ 재료 준비
포르치니 버섯은 뜨거운 물 ¼컵(분량 외)에 담가 불린 뒤, 체에 걸러서 버섯과 불린 물을 분리하고 버섯을 굵게 다진다. 다른 버섯류는 밑동을 잘라내고, 먹기 좋은 크기로 썬다. 양파는 다진다. 닭가슴살은 작게 어슷 썰고, A를 문질러 바른 다음에 밀가루를 얇게 뿌린다.

❷ 재료를 굽고 꺼내기
프라이팬 혹은 냄비에 식용유 1큰술을 넣고 약한 중불로 가열한다. 기름이 달궈지면 닭가슴살을 넣고 표면만 살짝 굽고 꺼낸다. 프라이팬 혹은 냄비에 버터를 넣고 가열해, 버터가 녹아 끓으면 포르치니 버섯 이외의 버섯들을 넣고 중불로 5분 정도 볶고 꺼낸다.

❸ 조림 국물 만들기
②의 프라이팬 혹은 냄비에 식용유 1큰술을 넣어 달구고, 양파를 넣고 타지 않게 약한 중불로 2분 정도 볶는다. 숨이 죽으면 화이트 와인을 넣은 후에 강불로 바꾸고, 와인이 ⅓의 양이 될 때까지 졸인다.

❹ 재료를 넣고 조리기
포르치니 버섯, 버섯 불린 물, ②의 버섯과 생크림을 넣고 적당히 걸쭉해질 때까지 중불로 졸이다가, 소금과 후추로 간을 맞춘다. ②의 닭고기를 넣고 1분 정도 가볍게 익힌다. 마무리로 굵게 간 흑후추를 뿌린다.

Point

건조 포르치니 버섯을 불린 물은 감칠맛과 좋은 향기가 가득 담겨 있다. 걸러서 요리에 쓴다.

흰 강낭콩과 소시지 화이트 와인 조림
Cassolette de saucisse

소시지와 토마토의 풍미가 가득한 소스에 부드럽고 포근한 흰 강낭콩을 즐깁니다.
소박한 맛은 자꾸만 먹고 싶게 하지요.

재료 (2~3인분)
흰 강낭콩 (물에 삶은 것) … 200g
토마토 … 1개
양파 … ½개
마늘 … 작은 것 1쪽
소시지 … 100g
올리브유 … 1큰술
화이트 와인, 물 … 각각 ½컵
소금, 후추 … 각각 적당량
올리브유 (마무리용) … 1큰술보다 조금 적게
이탈리안 파슬리 (굵게 다진 것) … 적당량

❶ 재료 준비
흰 강낭콩은 체에 넣고 물로 가볍게 씻는다. 토마토는 큼지막하게 깍둑썰기를 하고, 양파와 마늘은 다진다. 소시지는 2cm 폭으로 원통 썰기를 한다.

❷ 조림 국물 만들기
프라이팬 혹은 냄비에 올리브유를 넣고 약한 중불로 가열해서, 기름이 달궈지면 양파와 마늘을 넣고 2분 정도 볶는다. 토마토를 넣어 1분 정도 볶고, 화이트 와인을 넣은 후에 강불로 가열하면서, 나무 주걱 등으로 냄비 바닥을 문지르며 와인이 ⅓의 양이 될 때까지 졸인다.

❸ 재료를 넣고 조리기
분량의 물, 소금 ½작은술, 후추, 흰 강낭콩을 넣어 약한 중불로 5분 정도 끓인다. 소시지를 넣고 강불로 국물을 살짝 졸인 후, 소금과 후추로 간을 맞춘다. 마무리로 올리브유를 넣고, 다진 파슬리를 뿌린다.

양상추 파르시
Iceberg farcie

아삭아삭한 식감을 남기면서도 부드러워진
양상추 안에는 다진 고기와 새우를 함께 넣어
육즙이 가득해요.

Point

양상추 잎이 작은 건 2장을 겹쳐서
펼친다. 고기 소를 올리고, 상추 앞
부분과 좌우를 접은 후, 돌돌 말아
준다.

재료 (2~3인분)
양상추 … 4~6장
샐러리 … 5cm
양파 … 1/4개
스냅콩 … 6개

【 양상추 속 】
닭다리살 (간 것) … 200g
새우 (블랙 타이거 등) … 껍질을 제거한 순무게 80g
A
│ 빵가루 … 3큰술
│ 달걀 … 1/2개
│ 우유 … 1큰술
소금 … 1/3작은술
후추 … 적당량
파슬리 (다진 것) … 1작은술

올리브유 … 2큰술
화이트 와인 … 1/2컵
물 … 1컵
소금, 후추 … 각각 적당량

❶ 재료 준비
양상추는 살짝 데쳐 물에 넣어 식히고, 물기를 꾹 짠다. 샐러리는 줄기의 질긴 섬유질을 제거하고, 양파와 함께 얇게 썬다. 스냅콩은 꼬투리 끈을 제거한다.

❷ 파르시 만들기
새우는 등의 내장을 떼어내고 껍질을 깐 다음, 녹말 1작은술과 소량의 물(각각 분량 외)를 넣어 잘 섞는다. 녹말이 회색빛이 되면 물로 씻어, 키친 타올로 물기를 꼼꼼하게 제거한 후 칼로 잘게 다진다. 볼에 A를 넣고 섞은 다음, 새우와 남은 양상추 속 재료를 넣고 점도가 생길 때까지 잘 섞어 4등분으로 나눠 양상추로 감싼다.

❸ 조림 국물 만들기
프라이팬 혹은 냄비에 올리브유 1큰술을 넣고 약한 중불로 가열해서, 기름이 뜨거워지면 양파와 샐러리를 넣고 2분 정도 볶는다. 숨이 죽으면 화이트 와인을 넣은 후에 강불로 바꾸고, 와인이 1/3의 양이 될 때까지 졸인다.

❹ 재료를 넣고 조리기
③에 ②의 파르시를 살며시 넣고, 분량의 물을 넣은 다음에 뚜껑을 닫아 약한 중불로 7분 정도 속까지 익을 때까지 끓인다. 그릇에 파르시를 담는다.

❺ 마무리하기
④에 스냅콩, 올리브유 1큰술을 넣고 강불로 조림 국물이 절반이 될 때까지 졸이고, 소금과 후추로 간을 맞춘다. 조림 국물을 파르시에 뿌리고, 스냅콩은 콩깍지를 벌려 얹는다.

→ 청완두와 고기 완자 조림
(P.096)

→ 호박과 돼지고기, 병아리콩 조림
(P.097)

청완두와 고기 완자 조림
Jardinière de petits pois aux boulettes de chair à saucisse

싱싱한 청완두를 보면 꼭 만들어 보고 싶은 요리입니다.
고기 완자의 감칠맛을 빨아들여 푹 조리면 맛이 좋아요.

재료 (2~3인분)
청완두 (있으면 생것, 콩깍지에서 빼낸 것) … 200g
감자 … 1개 (200g)
양파 … ½개

【고기 완자】
다진 돼지고기 … 200g
소금 … ⅓ 작은술
후추 … 적당량
펜넬 시드 (있다면) … ½ 작은술

올리브유 … 1큰술
화이트 와인 … ½컵
물 … ¾컵
소금, 후추 … 적당량
월계수 … 1장

❶ 재료 준비
감자는 2~3cm로 깍둑썰기를 하고, 양파는 다진다.

❷ 고기 완자 만들기
비닐봉지에 고기 완자 재료를 넣고 점도가 생길 때까지 잘 반죽해 섞는다. 비닐에서 꺼내 손으로 작게 공 모양으로 둥글린다.

❸ 고기 완자를 굽고 꺼내기
프라이팬 혹은 냄비에 올리브유 ½ 큰술을 넣고 중불로 가열해서, 기름이 뜨거워지면 ②의 고기 완자를 넣고 표면을 가볍게 구워서 꺼낸다.

❹ 조림 국물 만들기
프라이팬 혹은 냄비에 남은 여분의 기름기를 키친 타월로 흡수한 후, 올리브유 ½ 큰술과 양파를 넣고 약한 중불에서 타지 않도록 2분 정도 볶는다. 숨이 죽으면 화이트 와인을 넣고 강불로 가열하면서 와인이 ⅓의 양이 될 때까지 졸인다.

❺ 재료를 넣고 조리기
청완두, 감자, 분량의 물, 소금 ⅓ 작은술, 월계수를 넣고 가열해서 끓으면, 뚜껑을 닫고 약한 중불에서 8분 정도 끓인다. ③의 고기 완자를 넣고 뚜껑을 닫은 후에 3분 정도 끓인다. 뚜껑을 열고 강불로 해서 조림 국물을 절반의 양까지 졸이고, 소금과 후추로 간을 맞춘다.

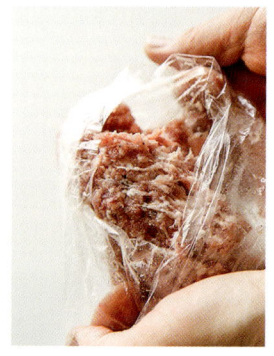

Point
고기 완자 재료를 비닐봉지에 넣고, 진득해질 때까지 봉지째 주물러 잘 반죽해 섞는다.

호박과 돼지고기, 병아리콩 조림
Fricassée de potiron aux lardons à la sabzi

스파이시한 맛의 카레가 달콤한 호박의 맛을 살려 줍니다.
포슬포슬한 병아리콩과 맛좋은 돼지고기를 넣어 볼륨 있는 요리를 만들어내지요.

재료 (2~3인분)
호박 … 400g
양파 … ½개
돼지 삼겹살 (덩어리) … 100g
병아리콩 (드라이 팩) … 50g
A
│ 소금 … ⅓작은술
│ 후추 … 적당량
올리브유 … 1큰술
커민 시드 … ½작은술
화이트 와인, 물 … 각각 ½컵
소금, 후추 … 각각 적당량
카레 가루 … 1작은술

❶ 재료 준비
호박은 씨와 속을 제거하고 껍질째 3cm 크기로 깍둑 썰기한다. 양파는 얇게 썬다. 돼지 삼겹살은 1cm로 막대 썰기를 하고, A를 문질러 바른다.

❷ 재료를 굽고 꺼내기
프라이팬 혹은 냄비에 올리브유 ½큰술을 넣고 중불로 가열해서, 기름이 뜨거워지면 돼지고기를 넣고 바삭해질 때까지 굽고, 호박을 넣어 함께 볶아 전체적으로 기름기가 돌면 꺼낸다.

❸ 조림 국물 만들기
프라이팬 혹은 냄비에 남은 여분의 기름기를 키친 타월로 흡수한 후, 올리브유 ½큰술과 커민 시드를 넣고 중불로 가열한다. 기름이 달궈지면 양파를 넣고 약한 중불로 2분 정도 볶는다. 숨이 죽으면 화이트 와인을 넣고 강불로 가열하면서, 와인이 ⅓의 양이 될 때까지 졸인다.

❹ 재료를 넣고 조리기
병아리콩, 분량의 물, 소금 ½작은술, 카레 가루, ②의 돼지고기, 호박을 넣고 뚜껑을 닫은 다음에, 약한 중불로 3~5분 끓인다. 호박이 익으면 뚜껑을 열고 조림 국물이 반으로 줄어들 때까지 강불로 졸이고, 소금과 후추로 간을 맞춘다.

Point
돼지 삼겹살은 바삭해질 때까지 볶아 쓸데없는 기름기를 빼고, 호박을 넣어 함께 볶는다.

우엉과 얇게 저민 소고기 레드 와인 조림

Bœuf aux salsifis et champignons, sauce vin rouge

우엉과 소고기의 기막힌 조합에 잎새버섯의 향과 식감이 악센트를 줍니다.
발사믹 식초를 살짝 넣어 농후한 맛으로 마무리를 지어요.

재료 (2~3인분)
우엉 (가느다란 것) … 100g
잎새버섯 … 1팩 (100g)
양파 … 1/2개
마늘 … 작은 것 1쪽
소고기 (얇게 썬 것) … 150g
A
│ 소금 … 1/3 작은술
│ 후추 … 적당량
버터 … 10g
식용유 … 2큰술
레드 와인 … 1/2컵
소금, 후추 … 각각 적당량
B
│ 물 … 3/4컵
│ 발사믹 식초 … 1큰술
│ 월계수 … 1장
│ 소금 … 1/2작은술
굵게 간 흑후추 … 적당량

❶ 재료 준비
우엉은 수세미로 껍질을 문질러 씻고, 5cm 길이로 막대 썰기(굵으면 세로로 2~4등분 한다)를 한 후, 물에 5분 정도 담갔다가 물기를 뺀다. 잎새버섯은 굵게 찢는다. 양파, 마늘은 얇게 썬다. 소고기는 먹기 좋은 크기로 썰고, A를 문질러 바른다.

❷ 고기, 우엉을 볶고 꺼내기
프라이팬에 버터를 넣고 강한 중불로 가열해서, 버터가 녹아 거품이 일고 조금 갈색 빛이 돌기 시작하면 소고기를 펼쳐 넣는다. 잠시 건드리지 않고 굽다가, 양면이 살짝 노릇해지면 꺼낸다. 프라이팬에 식용유 1큰술을 넣고 중불로 가열해서, 기름이 달궈지면 우엉을 넣고 5분 정도 볶다가 가볍게 소금과 후추를 뿌린 후에 꺼낸다.

❸ 조림 국물 만들기
②의 프라이팬에 식용유 1큰술, 양파, 마늘을 넣고 약한 중불로 3분 정도 볶는다. 살짝 색이 들면 레드 와인을 넣은 후에 강불로 가열하면서, 와인이 1/3의 양이 될 때까지 졸인다.

❹ 재료를 넣고 조리기
B, 잎새버섯, ②의 우엉을 넣고, 끓으면 뚜껑을 닫은 후에 약한 중불로 끓인다. 우엉이 부드러워지면 ②의 소고기를 넣고 전체적으로 섞은 후, 소금과 후추로 간을 맞춘다. 마무리로 굵게 간 흑후추를 뿌린다.

Point
우엉은 5분 정도 충분히 볶아, 기름으로 잘 코팅해서 흙내를 잡는다.

피망 파르시
Poivron farci

피망 속에 채운 대구와 감자의 크리미한 맛.
피망의 약간 쌉싸름한 맛이 포인트입니다.

Point

비닐봉지 끝을 잘라 내용물을 짜면
피망 속에 담기 쉽다.

재료 (2~3인분)
피망 (녹색, 빨간색) … 6개

【피망 속】
대구 토막 (소금 밑간한 것) … 1조각
감자 … 2개
화이트 와인 (대구 밑간용) … 1큰술

A
| 마늘 (간 것) … ⅓작은술
| 우유 … 2큰술
| 올리브유 … 2큰술
| 소금 … ¼작은술
| 후추 … 약간

양파 (다진 것) … ⅓개 분량
마늘 (다진 것) … 작은 것 1쪽
올리브유 … 2큰술
화이트 와인 … ½컵

B
| 토마토 통조림 (다이스드 컷) … ½캔 (200g)
| 물 … ½컵
| 소금 … ½작은술

소금, 후추 … 각각 적당량

❶ 재료 준비
대구는 내열 접시에 담고 화이트 와인을 뿌려, 랩을 씌우고 전자레인지로 3분 가열한다. 잔열을 식힌 후에 뼈와 껍질을 제거한다. 감자는 한입 크기로 썰고 내열 볼에 담아, 랩을 씌워 전자레인지에서 5분 정도 익힌다. 뜨거울 때 나무 주걱으로 으깨고, 대구를 넣어 매끄러워질 때까지 섞은 후, A를 넣고 더 섞는다. 겨우 짜낼 수 있을 정도의 단단함이 좋다. 너무 단단한 것 같다면 우유를 조금 (분량 외) 넣어 조절하고, 비닐봉지에 담는다.

❷ 파르시 만들기
피망은 꼭지를 잘라내고, 씨앗을 제거한다 (반죽이 빠지지 않도록 심지는 가능하면 남겨둔다). ①의 비닐봉지 끝부분을 잘라 피망 안에 반죽을 짜 넣는다.

❸ 조림 국물 만들기
프라이팬에 올리브유 1큰술, 양파, 마늘을 넣고 약한 중불로 2분 정도 볶는다. 숨이 죽으면 화이트 와인을 넣고 강불로 바꿔서, 와인이 ⅓의 양이 될 때까지 졸인다.

❹ 재료를 넣고 조리기
B, ②의 파르시를 넣고, 끓으면 불을 약하게 해서 뚜껑을 닫고 약한 중불로 10분 정도 익힌다. 중간에 피망을 한 번 뒤집는다. 소금과 후추로 간을 하고, 올리브유 1큰술을 전체에 둘러준다.

양배추, 죽순, 닭고기 프리카세
Fricassée de poulet à la crème, garniture de bambou et de chou blanc

양배추의 신선한 녹색 빛이 눈에도 맛있어 보이는, 봄철 느낌의 가벼운 조림.
살짝 쌉싸름한 맛이 있는 죽순을 더해 산뜻하게 끓여 마무리합니다.

재료 (2~3인분)
양배추 … 1/4개
죽순 (삶은 것) … 150g
양파 … 1/2개
닭다리살 … 큰 것 1/2장 (약 150g)
A
│ 소금 … 1/3 작은술
│ 후추 … 적당량
식용유 … 1작은술
버터 … 10g
화이트 와인, 물, 생크림 (유지방분 40% 이상)
　… 각각 1/2컵
소금, 후추 … 각각 적당량

❶ **재료 준비**
양배추는 큼직하게 썰고, 죽순은 먹기 좋은 크기로 썬다. 양파는 얇게 썬다. 닭다리살은 한입 크기로 썰고, A를 문질러 바른다.

❷ **고기를 굽고 꺼내기**
냄비에 식용유를 넣고 중불로 가열해서, 기름이 달궈지면 닭고기를 넣고 가볍게 볶다가 표면이 노릇해지면 꺼낸다.

❸ **조림 국물 만들기**
냄비에 남은 여분의 기름기를 키친 타월로 흡수한 후, 버터를 넣어 약한 중불로 가열해서 버터가 녹아 끓으면 양파를 넣고 2분 정도 볶는다. 숨이 죽으면 화이트 와인을 넣은 후에 강불로 바꾸고, 와인이 1/3의 양이 될 때까지 졸인다.

❹ **재료를 넣고 조리기**
분량의 물, 소금 1/2 작은술, 죽순, ②의 닭고기를 넣고 뚜껑을 닫은 다음, 끓으면 약불로 5분 정도 끓인다. 생크림을 넣고 강불로 졸여 적당히 걸쭉하게 만든다. 양배추를 넣고 뚜껑을 닫은 후 1분 정도 끓이다가, 양배추의 숨이 죽으면 전체를 섞고, 소금과 후추로 간을 맞춘다.

Entrée
전채요리로 어울리는 가벼운 조림 [채소]

→ 아스파라거스와 누에콩 조림
  (P.106)

→ 여름 채소 올리브 오일 조림
  (P.106)

→ 파와 양송이의 그리스풍 와인 조림
 (P. 107)

→ 고구마 레몬 크림 조림
 (P. 107)

아스파라거스와 누에콩 조림
Salade d'asperges vertes et fèves au jambon cru

가볍게 익힌 녹색 채소가 보기에도 선명해요.
먹을 때 생햄을 곁들이면 맛도 고급스러워집니다.

재료 (2~3인분)
그린 아스파라거스 … 6개, 양파 … ¼개
누에콩 … 콩깍지 10개 (콩 무게만 90g)
생햄 … 적당량
올리브유 … 1큰술
화이트 와인 … ⅓ 컵, 물 … ½ 컵
소금, 후추 … 각각 적당량

❶ 재료 준비
아스파라거스는 뿌리 근처의 단단한 껍질을 필러로 깎고, 길이를 2~3등분으로 썬다. 누에콩은 콩깍지에서 꺼내고 얇은 껍질을 벗긴다. 양파는 다진다.

❷ 조림 국물 만들기
냄비에 올리브유를 넣고 약한 중불로 가열해서, 기름이 달궈지면 양파를 넣고 색이 들지 않도록 2분 정도 볶는다. 숨이 죽으면 화이트 와인을 넣은 후에 강불로 바꾸고, 와인이 ⅓의 양이 될 때까지 졸인다.

❸ 재료를 넣고 조리기
분량의 물, 아스파라거스, 누에콩을 넣고 뚜껑을 덮은 후에 약한 중불로 1분 정도 끓인 다음, 뚜껑을 열고 강불로 국물을 적당히 졸인다. 소금과 후추로 간을 하고, 잔열이 날아가면 냉장고에 넣고 식힌다. 그릇에 담아 생햄을 곁들인다.

여름 채소 올리브 오일 조림
Salade de ratatouille froide

라따뚜이의 '가벼운 조림' 버전입니다.
채소를 익히기 힘든 순서대로 냄비에 포개 넣고, 넣을 때마다 소금과 후추를 뿌리는 게 포인트입니다.

재료 (2~3인분)
가지 … 2개, 토마토 … 2개
주키니 … 1개, 양파 … 1개
마늘 … 1쪽, 올리브유 … 4큰술
화이트 와인 … ½ 컵
소금, 후추 … 각각 적당량
프로방스 허브* … ½ 작은술
※ 프로방스 허브는 타임, 세이지,
   로즈마리 등이 들어간 허브 믹스

❶ 재료 준비
가지는 1cm 폭으로 원통 썰기를 하고, 물에 5분 정도 담가 떫은맛을 빼고 물기를 닦아낸다. 주키니는 1cm 폭으로 원통 썰기를 하고, 토마토는 큼직하게 썬다. 양파와 마늘은 얇게 썬다.

❷ 조림 국물 만들기
냄비에 올리브유 1큰술을 넣고 약한 중불로 가열해, 기름이 달궈지면 양파와 마늘을 넣고 3분 정도 볶는다. 숨이 죽으면 화이트 와인을 넣은 후에 강불로 바꾸고, 와인이 ⅓의 양이 될 때까지 졸인다.

❸ 재료를 넣고 조리기
②의 불을 끄고, ①의 가지, 주키니, 토마토 순서대로 소금(총 1작은술 정도)과 후추를 뿌리면서 포개 넣고, 프로방스 허브를 뿌리고 올리브유 3큰술을 둘러준 후, 뚜껑을 닫고 약한 중불로 가열한다. 끓으면 약불로 해서 10분 정도 가열하다가 뚜껑을 열고 전체를 섞은 후, 강불로 해서 5분 정도 조리고 소금과 후추로 간을 한다. 뜨거울 때든 차가울 때든 아무 때나 먹어도 된다.

파와 양송이의 그리스풍 와인 조림
Champignons et poireaux à la grecque

고수를 활용하는 것이 그리스풍입니다.
파는 부드럽게 익혀 달콤함과 부드러운 식감을 더합니다.

재료 (2~3인분)
파 … 1개, 양송이버섯 … 2팩 (200g)
마늘 (으깬 것) … 작은 것 1쪽
올리브유 … 2큰술
고수 (알갱이) … 1작은술보다 조금 적게
A
│ 화이트 와인 … ½컵, 월계수 … 1장
│ 레몬 (원통 썰기 한 것) … 2장
소금, 후추 … 각각 적당량
레드 와인 비네거 (화이트도 가능) … 1큰술

❶ 재료 준비
파는 2cm 폭으로 썬다. 양송이버섯은 밑동을 잘라내고, 너무 크면 절반으로 썬다.

❷ 조림 국물 만들기
냄비에 올리브유, 고수, 마늘을 넣고 약불로 가열해서, 향이 나면 파와 양송이버섯을 넣고 가볍게 볶는다. 전체적으로 기름이 입혀지면 A를 넣고, 강불로 가열하여 부글부글 끓으면 소금 ½작은술, 후추 약간을 넣고 뚜껑을 닫은 채 약불로 5분 정도 조린다.

❸ 재료를 넣고 조리기
파가 부드러워지면 뚜껑을 열어 강불로 조림 국물의 양이 절반이 될 때까지 졸인 후, 소금과 후추로 간을 맞추고 와인 비네거를 넣는다. 한소끔 끓으면 불을 끈다.

고구마 레몬 크림 조림
Patate douce aux amandes et zeste de citron

고구마의 단맛에 레몬의 산미, 여기에 생크림을 더한 디저트 풍미의 요리입니다.
콩테 치즈 같은 것과 먹으면 더욱 맛이 좋아요.

재료 (2~3인분)
고구마 … 300g
버터 … 10g
A
│ 물 … ½컵
│ 설탕 … 1큰술
│ 레몬즙 … 1큰술
생크림 (유지방분 40% 이상) … 2큰술
레몬 껍질 간 것 … 적당량
슬라이스 아몬드 (로스트) … 적당량

❶ 재료 준비
고구마는 1.5~2cm 폭으로 막대 썰기 하고, 물에 5분 정도 담가서 떫은맛을 뺀 후 물기를 뺀다.

❷ 조리기
냄비에 버터를 넣고 약한 중불로 가열해서, 버터가 녹아 끓으면 ①을 넣고 가볍게 볶는다. 버터가 골고루 묻으면 A를 넣고 뚜껑을 닫은 후, 고구마가 부드러워질 때까지 5~7분 익힌다.

❸ 크림을 넣고 졸이기
②의 뚜껑을 열고 강불로 조림 국물의 양이 절반이 될 정도까지 졸인 후, 생크림을 넣어 걸쭉해질 때까지 졸인다. 그릇에 담고, 레몬 껍질 간 것과 슬라이스 아몬드를 뿌려준다. 뜨거울 때든 차가울 때든 아무 때나 먹어도 된다.

Entrée
전채요리로 어울리는 가벼운 조림 [과일]

→ 루바브와 딸기 조림
(P.110)

→ 자몽과 셀러리 화이트 와인 조림
(P.110)

→ 파인애플과 말린 과일 화이트 와인 조림
 (P.111)

→ 사과와 자두 레드 와인 조림
 (P.111)

루바브와 딸기 조림
Salade rhubarbe et fraise aromatisée au romarin

루바브의 산미와 딸기의 단맛이 어우러져 형언할 수 없는 좋은 맛이 납니다.
모짜렐라 치즈와 같이 먹으면 좋아요.

재료 (2~3인분)
루바브[1] … 200g
딸기[2] … 1팩
설탕 … 50g
로즈마리 가지 … 2cm

※ 1 루바브는 잼으로 대신할 수 있다. 그럴 때는 설탕을 쓰지 말고, 루바브 잼과 신선한 딸기를 섞어 잠시 뒀다가 가볍게 조린다.
※ 2 딸기는 신선한 것을 구할 수 없을 때는 냉동도 괜찮다.

❶ 재료 준비
루바브는 2cm 길이로 썬다. 딸기는 꼭지를 딴다. 냄비에 로즈마리 이외의 재료를 넣고, 전체를 섞어 20분 정도 놔둔다.

❷ 조리기
①의 수분이 나오면 약한 중불로 가열한다. 끓으면 전체를 섞어서 2분 정도 끓이고, 불을 끈 다음에 로즈마리를 넣는다.

자몽과 셀러리 화이트 와인 조림
Salade de pamplemousse et céleri sauce vin blanc

상큼한 재료들 사이에 생강의 맛을 넣었어요.
자몽 과즙이 드레싱 역할을 합니다.

재료 (2~3인분)
셀러리 … 2개 (200g)
자몽 (화이트) … 1개
양파 … ½개
올리브유 … 2큰술
화이트 와인, 물 … 각 ⅓ 컵
소금, 후추 … 각각 적당량
생강 (얇게 썬 것) … 2장

❶ 재료 준비
셀러리는 줄기의 질긴 섬유질을 제거하고, 1cm 폭으로 어슷썰기를 한다. 자몽은 껍질을 벗겨서 과육을 발라낸다. 양파는 얇게 썬다.

❷ 조림 국물 만들기
냄비에 올리브유를 넣고 약한 중불로 가열해서, 기름이 달궈지면 셀러리와 양파를 넣고 타지 않도록 2분 정도 볶는다. 숨이 죽으면 화이트 와인을 넣은 후에 강불로 바꾸고, 와인이 ⅓의 양이 될 때까지 졸인다. 분량의 물, 소금 ⅓작은술, 후추로 간을 맞추고, 생강을 넣어 1분 정도 끓이다가 불을 끈다.

❸ 재료를 넣고 조리기
자몽을 넣고 전체를 휘저어 소금, 후추로 간을 맞춘다. 냉장고에서 식힌다.

파인애플과 말린 과일 화이트 와인 조림
Salade d'ananas aux fruits secs

달콤한 피클풍의 와인 조림입니다.
말린 과일은 오래, 파인애플은 가볍게 익힙니다.

재료 (2~3인분)
파인애플 (생) … 껍질을 제거한 순무게 300g
말린 무화과 … 3개
말린 살구 … 20g
화이트 와인, 물 … 각각 ½컵
고수 (알갱이) … 8알
바닐라 빈 (있다면) … 약간

❶ 재료 준비
파인애플은 껍질과 심지를 제거하고, 3cm로 깍둑썰기를 한다. 말린 무화과와 살구는 가볍게 씻는다.

❷ 조리기
냄비에 파인애플 이외의 재료를 넣고 중불로 가열하고, 끓으면 약불로 해서 5분 정도 끓인다. 파인애플을 넣고 끓으면 불을 끈다. 잔열이 날아가면 냉장고에서 식힌다.

사과와 자두 레드 와인 조림
Pomme pochée au vin rouge

하룻밤 냉장고에서 식혀, 사과에 와인이 배어들게 합니다.
돼지고기 소테나 바닐라 아이스크림과 함께 먹으면 더 맛이 좋아요.

재료 (2~3인분)
사과 (가능하면 홍옥) … 2개
A
| 말린 자두 … 4~6개
| 설탕 … 60g
| 레드 와인, 물 … 각각 1컵

❶ 재료 준비
말린 자두는 뜨거운 물에 3분 정도 담갔다가 물기를 뺀다. 사과는 껍질을 까서 4등분하고, 심지를 제거한다 (변색을 막기 위해 작업 직전에 깐다).

❷ 조리기
냄비에 A를 넣고 불에 올려 끓이며 설탕을 녹인다. 사과를 넣고 키친타월로 덮개를 만들어 덮은 뒤, 약한 불에서 10분 정도 끓인다. 그대로 식히고, 잔열이 날아가면 보관 용기 등에 옮겨 냉장고에 하룻밤 두어 사과에 와인이 배어들게 한다.

Soupes
수프

몸도 마음도 따뜻해지는 요리라면, 역시 수프입니다.
지금부터는 메인 요리가 되는 수프를 소개하겠습니다.

→ 부야베스
(P.114)

부야베스
Bouillabaisse

해산물의 진한 육수가 가득 담긴 최고의 수프.
감칠맛을 내는 바지락은 꼭 넣고, 다른 해산물은 취향에 따라 넣습니다.
사프란은 아름다운 노란색과 은은한 향기를 더합니다.

재료 (2~3인분)

바지락 … 15개
새우 (블랙 타이거 등) … 3~6마리
홍합 … 3개
흰살생선 토막 (도미 등) … 1조각 (150g)
토마토 … 작은 것 1개
양파 … ½개
마늘 … 1쪽
사프란 … ⅓ 작은술
올리브유 … 4큰술
화이트 와인 … ½ 컵
물 … 2½ 컵
월계수 … 1장
소금, 후추 … 각각 적당량

❶ 재료 준비
바지락은 P.065, 새우는 P.066, 홍합은 P.072의 방법으로 손질한다. 흰살생선은 반으로 썬다. 토마토는 뜨거운 물로 껍질을 벗기고 작게 깍둑썰기를 한다. 양파는 얇게 썰고, 마늘은 다진다. 사프란은 뜨거운 물 ⅓ 컵(분량 외)에 넣어 불린다.

❷ 해산물을 굽고 꺼내기
냄비에 올리브유 1큰술을 넣고 중불로 가열해 기름이 뜨거워지면, 새우와 흰살생선을 구워 표면이 노릇해졌을 때 꺼낸다.

❸ 조림 국물 만들기
②의 냄비에 올리브유 3큰술을 넣고 양파, 마늘을 넣은 후에 약불로 타지 않게 2분 정도 볶는다. 양파의 숨이 죽으면 토마토를 넣고 가볍게 볶는다. 전체적으로 기름이 돌면 화이트 와인을 넣는다.

❹ 와인 졸이기
강불로 가열하면서 나무 주걱 등으로 냄비 바닥을 문지르며 와인이 ⅓의 양이 될 때까지 졸인다.

❺ 조미하기
④에 분량의 물, 월계수, ①의 사프란을 불린 물까지 함께 넣고 10분 정도 끓인다.

❻ 재료를 넣고 조리기
②의 새우, 흰살생선과 바지락, 홍합을 넣은 후에 뚜껑을 닫고 조개 입이 벌어질 때까지 찐 다음, 소금과 후추로 간을 맞춘다. 조개는 너무 익히면 단단해지므로 입이 벌어지면 바로 불을 끈다.

보르시치
Soupe de betterave au bœuf

붉고 은은한 단맛이 나는 채소 비트가 주인공인 수프입니다.
소고기도 듬뿍 들어가지만, 어디까지나 비트의 맛을 살리는 역할로 더합니다.

재료 (2~3인분)
비트 … 150g
당근 … ½개
양파 … 1개
마늘 … 작은 것 1쪽
얇게 썬 소고기 … 150g
A
│ 소금, 후추 … 각각 조금
식용유 … 2큰술
화이트 와인 … ½컵
물 … 2½컵
소금, 후추 … 각각 적당량
사워 크림 … 적당량

❶ **재료 준비**
비트와 당근은 슬라이서나 치즈 깎는 칼로 가늘게 깎아 내거나 채를 친다. 양파와 마늘은 얇게 썬다. 소고기는 먹기 좋게 썰고, A를 뿌린다.

❷ **고기를 굽고 꺼내기**
냄비에 식용유 1큰술을 넣고 강한 중불로 가열해서, 기름이 충분히 뜨거워지면 소고기를 펼쳐 넣는다. 잠시 건드리지 않고 살짝 익은 색이 돌면 뒤집어 양면을 노릇하게 굽고 꺼낸다.

❸ **조림 국물 만들기**
②의 냄비에 식용유 1큰술을 넣고 양파, 마늘을 넣은 후에 약한 중불로 3분 정도 볶는다. 숨이 죽으면 화이트 와인을 넣고 강불로 가열해서, 와인이 ⅓의 양이 될 때까지 졸인다.

❹ **재료를 넣고 조리기**
분량의 물, 소금 ⅓작은술, 비트, 당근을 넣고 끓으면 약불로 한 후, 뚜껑을 비스듬히 얹어두고 8분 정도 끓인다. 채소가 부드러워지면 ②의 소고기를 넣고, 끓으면 거품을 건져낸 후 소금과 후추로 간을 한다. 조림 국물이 너무 적어지면 물을 적당히 더 넣는다. 그릇에 담고, 취향에 따라 사워 크림을 곁들인다.

Point

비트는 단단하고 큰 상태로 익히면 시간이 걸리므로 채칼로 잘게 써는 게 좋다.

렌틸콩 베이컨 수프
Soupe de lentilles aux lardons

한 입 먹을 때마다 빠져들게 되는 깊은 풍미의 수프.
베이컨을 악센트로 넣고, 렌틸콩은 살짝 으깨질 정도로 부드럽게 익혀 줍니다.

재료 (2~3인분)
렌틸콩 … 100g
베이컨 (블록) … 30g
양파 … ½개
마늘 … 큰 것 1쪽
올리브유 … 1큰술
화이트 와인 … ½컵
물 … 2½컵
월계수 … 1장
소금, 후추 … 각각 적당량

❶ 재료 준비
냄비에 물을 끓이고 렌틸콩을 넣어 5분 정도 삶아 물기를 뺀다. 양파, 마늘은 다진다. 베이컨은 막대 썰기를 한다.

❷ 재료 볶기
냄비에 올리브유를 넣고 중불로 가열해서, 기름이 달궈지면 양파, 마늘, 베이컨을 넣고 가볍게 볶는다. 렌틸콩을 넣고 1분 정도 볶는다.

❸ 조리기
화이트 와인을 넣고 강불로 가열해서, 와인이 ⅓의 양이 될 때까지 졸인다. 분량의 물, 월계수를 넣고 끓으면 거품을 건져낸 후, 뚜껑을 비스듬히 얹어둔다. 중간에 가끔 섞으면서 콩이 살짝 부드럽게 뭉개질 때까지 약불로 15분 정도 끓이고, 소금과 후추로 간을 맞춘다. 수분이 부족해지면 적당량의 물을 추가한다.

Point

여기서 사용한 건 프랑스산 검은 렌틸콩이다(오른쪽). 흔히 보는 연녹색 렌틸콩(왼쪽)을 대신 써도 된다.

굴라쉬
Goulache de porc

파프리카 파우더로 만드는 헝가리 수프입니다.
소박한 재료로 만들어 어딘가 그리운 맛이 납니다.

재료 (2~3인분)
돼지고기 목심 (얇게 썬 것) … 150g
셀러리 … 50g
양파 … 1개
감자 … 1개
당근 … ½개
마늘 … 작은 것 1쪽
A
| 소금, 후추 … 각각 적당량
식용유 … 2큰술
레드 와인 … ⅓ 컵
B
| 물 … 2컵
| 토마토 통조림 (다이스드 컷) … ½ 캔 (200g)
| 파프리카 파우더 … 1½ 큰술
| 소금 … ½ 작은술
소금, 후추, 파프리카 파우더 … 각각 적당량

❶ 재료 준비
셀러리는 줄기의 질긴 섬유질을 제거해서 양파, 감자와 함께 1.5cm로 깍둑썰기를 하고, 당근은 은행 썰기, 마늘은 얇게 썬다. 돼지고기는 먹기 좋게 썰고 A를 뿌린다.

❷ 재료 볶기
냄비에 식용유 1큰술을 넣고 강한 중불로 가열해서, 기름이 충분히 뜨거워지면 돼지고기를 펼쳐 넣는다. 한동안 건드리지 않고 양면이 노릇해지면 꺼낸다. 식용유 1큰술을 달구고, 감자 이외의 채소를 넣어 약불로 3분 정도 볶는다.

❸ 조리기
숨이 죽으면 레드 와인을 넣고 강불로 가열해서, 와인이 ⅓의 양이 될 때까지 졸인다. B, 감자를 넣고 끓으면 약불로 해서, 뚜껑을 비스듬히 얹어두고 8분 정도 끓인다. 채소가 부드러워지면 돼지고기를 넣고, 끓으면 거품을 건져낸 후 소금과 후추로 간을 맞춘다. 조림 국물이 부족해지면 물을 적당량 더 넣는다. 그릇에 담아 파프리카 파우더를 뿌린다.

감자와 대구, 파가 들어간 수프
Bouillon de legumes au cabillaud

살짝 으깬 대구와 감자에 우유를 넣어 부드러운 맛을 낸 수프.
주재료인 파와 향신용 양파가 각각 다른 단맛을 내는 점이 포인트입니다.

재료 (2~3인분)
- 대구 토막 (소금으로 살짝 밑간한 것) … 1조각
- 감자 … 큰 것 1개
- 파 … 1개
- 양파 … ½개
- 마늘 … 작은 것 1쪽
- 버터 … 15g
- 화이트 와인 … ½컵
- 물 … 2컵
- 우유 … 1컵
- 소금, 후추 … 각각 적당량

❶ 재료 준비
감자는 은행 썰기를 하고, 파는 어슷썰기를 하며, 양파와 마늘은 얇게 썬다. 대구는 뼈와 껍질을 제거한다.

❷ 재료 볶기
냄비에 버터를 넣고 약한 중불로 가열해서, 버터가 녹아 끓으면 양파와 마늘이 타지 않도록 3분 동안 볶는다.

❸ 조리기
화이트 와인을 넣고 강불로 가열해서, 와인이 ⅓의 양이 될 때까지 졸인다. 분량의 물, 감자, 파를 넣고 약한 중불로 해서 뚜껑을 비스듬히 얹어둔 채로 10분 정도 끓인다. 감자가 부서지기 시작하면 대구를 넣어 익히고, 나무 주걱 등으로 감자와 대구를 큼지막하게 뭉갠다. 우유를 넣고 소금과 후추로 간을 맞춘다. 조림 국물이 부족해지면, 물을 적당량 더 넣는다.

Column 느긋한 주말 식사
식후의 치즈 안주

까망베르 퐁듀
Camembert chaud aux lardons

열을 가해 녹진하게 녹은 치즈에
빵이나 채소를 찍어 드세요.
베이컨의 짭짤한 맛과 후추의 알싸한 맛이 포인트.

재료 (만들기 쉬운 분량)
까망베르 치즈 … 1개
베이컨 … ½장
굵게 간 흑후추 … 적당량
래디시, 빵 등 … 적당량

만드는 법
① 까망베르 치즈는 윗부분을 얇게 썰어 낸다. 베이컨은 잘게 썰어 치즈 위에 얹는다.
② 오븐 토스터 판에 알루미늄 포일을 깔고 ①을 얹은 후, 치즈가 부드러워질 때까지 8분 정도 굽고 나서 위에 굵게 간 흑후추를 뿌린다. 래디시나 바삭하게 구운 빵과 함께 먹는다.

치즈와 견과류 갈레트
Tuiles de fromage

오독오독한 견과류와 향기로운 치즈의 맛에
손이 멈출 수 없지요.
한입 크기로 아작아작 맛보세요.

재료 (만들기 쉬운 분량)
피자용 치즈 … 30g
믹스넛 … 2작은술

만드는 법
① 믹스넛은 잘게 다진다.
② 수지 가공 프라이팬에 치즈를 조금씩 집어(3~5g) 듬성듬성 놓는다. 약불로 가열하고, 치즈가 녹아 표면이 부글부글 끓으면서 전체가 노릇해지면 ①을 뿌려준다. 키친 타월 위에 얹어 기름기를 제거한다.

생햄을 곁들인 무화과와 블루치즈
Assiette de figues fraîches, roquefort et jambon cru

농후한 치즈에 잘 익은 무화과, 생햄의 짭조름한 맛이 잘 어우러집니다. 와인이 술술 넘어가는 조합이에요.

재료 (2인분)
무화과 … 1개
블루치즈 … 적당량
생햄 … 4장
굵게 간 흑후추 … 적당량

만드는 법
❶ 무화과는 껍질을 벗기지 않은 채로 4등분한다. 블루치즈는 먹기 좋게 썬다.
❷ 그릇에 ①과 생햄을 얹고, 전체에 굵게 간 흑후추를 뿌린다.

모짜렐라 치즈와 드라이 토마토, 올리브 칵테일
Cocktail de cornichons, tomates séchées, olives et mozzarella

본연의 맛이 강한 재료를 치즈와 함께 오일에 절이면 자꾸만 먹고 싶어지는 맛으로 변신!

재료 (만들기 쉬운 분량)
모짜렐라 치즈 (한입 크기) … 1봉지
드라이 토마토 … 3장, 코르니숑[1] … 6개
올리브 (검은색, 녹색) … 총 ½컵
프로방스 허브[2] … ⅓작은술
발사믹 식초 … 1큰술, 올리브유 … 4큰술

※1 코르니숑은 프랑스의 작은 오이로 만든 피클
※2 프로방스 허브는 타임, 세이지, 로즈마리 등이 들어간 허브 믹스

만드는 법
❶ 모짜렐라 치즈는 물기를 빼고, 키친 타월로 남은 수분을 제거한다. 드라이 토마토는 미지근한 물에 3분 정도 불려 부드럽게 하고, 코르니숑과 함께 먹기 좋게 썬다.
❷ 볼에 모든 재료를 다 넣고 잘 섞은 후, 유리병 안에 넣는다.

Column 느긋한 주말 식사
식후의 디저트

무슬린 쇼콜라
Crème mousseline au chocolat

입에서 사르르 녹는 달콤 쌉쌀한 맛.
1인분씩 그릇에 담아 식혀도 좋아요.

재료 (2~3인분)
초콜릿 (제과용 스위트 초콜릿) … 100g
생크림 (유지방분 40% 이상) … 1컵
브랜디 (있으면) … 1작은술

만드는 법
① 초콜릿은 자잘하게 다진다.
② 냄비에 생크림을 넣고 가열하다가, 끓기 직전에 불을 끈다. ①을 넣고 1분 정도 뒀다가, 초콜릿이 녹으면 전체를 잘 섞고 식힌다.
③ ②를 볼에 옮긴 후 브랜디를 넣어 섞고, 볼을 얼음물에 담근 채 거품기로 초콜릿 크림을 짜낼 수 있을 정도의 굳기가 될 때까지 젓는다. 취향에 맞는 그릇에 담아 냉장고에서 1시간 정도 식힌다.

딸기젤리
Gelée de fraise

딸기의 맛을 그대로 살려 젤라틴으로 굳힙니다.
살짝 흔들릴 정도로 부드럽게 굳히는 것을 추천합니다.

재료 (2~3인분)
딸기 … 1팩
설탕 … 2큰술
젤라틴 … 5g
물 … 3큰술

만드는 법
① 젤라틴은 분량의 물에 넣고 불린다. 딸기는 꼭지를 딴다.
② 믹서로 딸기와 설탕을 넣고 갈아서 매끄러운 주스 상태로 만든다.
③ ①에서 불린 젤라틴을 전자레인지에서 15초 동안 가열하고 섞어서 젤라틴을 녹인다 (다 녹지 않으면 전자레인지에 더 돌려 가열한다. 끓어오르지 않게 한다).
④ ②를 볼에 넣고, ③을 넣은 다음에, 섞으면서 뭉치지 않도록 녹인다. 취향에 맞는 용기에 담아 냉장고에서 1시간 정도 식혀 굳힌다.

레몬 커스터드

Crème pâtissière au citron

레몬의 산미가 곁들어진 커스터드 풍미의 디저트. 그대로 먹어도 좋고, 빵에 얹어도 좋아요.

재료 (2~3인분)
밀가루 … 20g
설탕 … 50g
우유 … 220ml
계란 노른자 … 2개
레몬즙 … 40ml

만드는 법
❶ 큼지막한 내열 볼에 밀가루와 설탕을 넣고, 거품기로 잘 섞는다.
❷ 냄비에 우유를 넣고 불에 올려 끓인다. 뜨거울 때 ①에 넣고 거품기로 걸쭉해질 때까지 빠르게 섞는다.
❸ ②에 랩을 씌우지 않고 전자레인지에서 1분 30초~2분 정도 끓을 때까지 가열한다. 꺼내어 잘 섞은 뒤, 노른자를 넣고 재빨리 섞고, 레몬즙을 넣고 또 섞는다. 볼을 얼음물에 담근 채 거품기로 저어가며 열을 식힌다.

꿀과 견과류를 얹은 아이스크림

Coupe glacée vanille, miel et noix mélangées

꿀과 향신료를 섞은 견과류를 아이스크림에 얹기만 하면 돼요. 브랜디를 뿌리면 어른을 위한 디저트가 됩니다.

재료 (2~3인분)
바닐라 아이스크림 … 작은 것 2개
믹스넛 … (굵게 다진 것) 2큰술
꿀 … 1큰술
시나몬, 육두구 (취향에 따라) … 각각 조금

만드는 법
❶ 꿀, 믹스넛, 시나몬, 육두구를 잘 섞는다.
❷ 그릇에 아이스크림을 담고 ①을 얹는다.

재료별 INDEX

※ 양념으로 사용하는 양파, 마늘 등은 제외했습니다.

육류·육류 가공품

- **소고기**
  - 소고기 쿠스쿠스 ..... P. 042
  - 비프 스트로가노프 ..... P. 044
  - 우엉과 얇게 저민 소고기 레드 와인 조림 ..... P. 098
  - 보르시치 ..... P. 116
- **소시지**
  - 소시지와 감자의 올리브 레몬 소스 조림 ..... P. 049
  - 흰 강낭콩과 소시지 화이트 와인 조림 ..... P. 090
- **닭고기**
  - 닭날개 봉 화이트 와인 조림 ..... P. 030
  - 닭다리 레드 와인 조림 ..... P. 031
  - 닭고기 팔루아즈 ..... P. 036
  - 닭가슴살과 양상추 레몬 크림 조림 ..... P. 038
  - 닭다리살 조림과 순무 소스 ..... P. 039
  - 닭고기 크넬과 아스파라거스 크림 조림 ..... P. 046
  - 버섯과 닭가슴살 크림 조림 ..... P. 088
  - 양배추, 죽순, 닭고기 프리카세 ..... P. 102
- **생햄**
  - 닭가슴살과 양상추 레몬 크림 조림 ..... P. 038
  - 아스파라거스와 누에콩 조림 ..... P. 104
  - 생햄을 곁들인 무화과와 블루치즈 ..... P. 123
- **다짐육**
  - 파슬리 풍미의 고기 완자와 달걀 토마토 조림 ..... P. 048
  - 양상추 파르시 ..... P. 092
  - 청완두와 고기 완자 조림 ..... P. 094
- **양고기**
  - 양고기 나바린 ..... P. 040
- **돼지고기**
  - 돼지 목심과 양배추 비네거 조림 ..... P. 019
  - 돼지고기 샤퀴트리 ..... P. 022
  - 돼지고기말이와 버섯 조림 ..... P. 024
  - 돼지 안심과 사과 크림 조림 ..... P. 026
  - 돼지 목심과 말린 과일 화이트 와인 조림 ..... P. 028
  - 돼지고기 바스크 ..... P. 034
  - 호박과 돼지고기, 병아리콩 조림 ..... P. 095
  - 굴라쉬 ..... P. 120
- **베이컨**
  - 닭다리 레드 와인 조림 ..... P. 031
  - 소 내장 화이트 와인 조림 ..... P. 050
  - 남프랑스풍 흰살생선 베이컨말이 ..... P. 083
  - 렌틸콩 베이컨 수프 ..... P. 118
  - 까망베르 퐁듀 ..... P. 122
- **내장**
  - 소 내장 화이트 와인 조림 ..... P. 050
- **간**
  - 닭 간 레드 와인 조림 ..... P. 052

해산물·해산물 가공품

- **바지락**
  - 대구와 바지락, 콜리플라워 화이트 와인 조림 ..... P. 063
  - 부야베스 ..... P. 113
- **엔초비**
  - 흰살생선 올리브 소스 ..... P. 078
- **오징어**
  - 오징어 파르시 ..... P. 068
- **새우**
  - 새우와 감자 토마토 크림 조림 ..... P. 062
  - 해산물 프리카세 ..... P. 066
  - 양상추 파르시 ..... P. 092
  - 부야베스 ..... P. 113
- **굴**
  - 굴과 파가 들어간 프리카세 ..... P. 060
- **청새치**
  - 청새치 토마토 케이퍼 소스 ..... P. 080
- **게**
  - 콜리플라워와 게살 프리카세 ..... P. 085
- **연어**
  - 연어 프리카세 ..... P. 055
- **고등어**
  - 고등어 양파 머스터드 비네거 조림 ..... P. 074
- **꽁치**
  - 꽁치 레드 와인 조림 ..... P. 058
- **흰살생선**
  - 흰살생선 올리브 소스 ..... P. 078
  - 남프랑스풍 흰살생선 베이컨말이 ..... P. 083
  - 부야베스 ..... P. 113
- **문어**
  - 레몬 커민 풍미의 문어와 셀러리 조림 ..... P. 070
- **대구**
  - 대구와 바지락, 콜리플라워 화이트 와인 조림 ..... P. 063
  - 피망 파르시 ..... P. 100
  - 감자와 대구, 파가 들어간 수프 ..... P. 121
- **대합**
  - 해산물 프리카세 ..... P. 066
- **방어**
  - 진저 발사믹 풍미의 방어 조림 ..... P. 082
- **가리비**
  - 해산물 프리카세 ..... P. 066
  - 가리비 관자와 백합근 프리카세 ..... P. 076
- **홍합**
  - 홍합과 크레송 크림 소스 ..... P. 072
  - 부야베스 ..... P. 113

채소

- **아스파라거스**
  - 닭고기 크넬과 아스파라거스 크림 조림 ..... P. 046
  - 아스파라거스와 누에콩 조림 ..... P. 104
- **순무**
  - 닭다리살 조림과 순무 소스 ..... P. 039
  - 양고기 나바린 ..... P. 040
  - 소고기 쿠스쿠스 ..... P. 042
- **호박**
  - 호박과 돼지고기, 병아리콩 조림 ..... P. 095
- **콜리플라워**
  - 대구와 바지락, 콜리플라워 화이트 와인 조림 ..... P. 063

콜리플라워와 게살 프리카세	P. 085

- **양배추**

돼지 목심과 양배추 비네거 조림	P. 019
양배추, 죽순, 닭고기 프리카세	P. 102

- **청완두**

청완두와 고기 완자 조림	P. 094

- **크레송**

홍합과 크레송 크림 소스	P. 072

- **우엉**

우엉과 얇게 저민 소고기 레드 와인 조림	P. 098

- **껍질콩**

양고기 나바린	P. 040

- **주키니**

소고기 쿠스쿠스	P. 042
오징어 파르시	P. 068
여름 채소 올리브 오일 조림	P. 104

- **셀러리**

닭가슴살과 양상추 레몬 크림 조림	P. 038
소 내장 화이트 와인 조림	P. 050
레몬 커민 풍미의 문어와 셀러리 조림	P. 070
자몽과 셀러리 화이트 와인 조림	P. 108
굴라쉬	P. 120

- **누에콩**

아스파라거스와 누에콩 조림	P. 104

- **죽순**

양배추, 죽순, 닭고기 프리카세	P. 102

- **양파**

닭날개 봉 화이트 와인 조림	P. 030
닭고기 팔루아즈	P. 036
고등어 양파 머스터드 비네거 조림	P. 074
여름 채소 올리브 오일 조림	P. 104
보르시치	P. 116
굴라쉬	P. 120

- **토마토**

돼지고기 샤퀴트리	P. 022
파슬리 풍미의 고기 완자와 달걀 토마토 조림	P. 048
새우와 감자 토마토 크림 조림	P. 062
오징어 파르시	P. 068
청새치 토마토 케이퍼 소스	P. 080
흰 강낭콩과 소시지 화이트 와인 조림	P. 090
여름 채소 올리브 오일 조림	P. 104
부야베스	P. 113

- **가지**

여름 채소 올리브 오일 조림	P. 104

- **당근**

양고기 나바린	P. 040
소고기 쿠스쿠스	P. 042
소 내장 화이트 와인 조림	P. 050
보르시치	P. 116
굴라쉬	P. 120

- **파**

굴과 파가 들어간 프리카세	P. 060
파와 양송이의 그리스풍 와인 조림	P. 105
감자와 대구, 파가 들어간 수프	P. 121

- **배추**

연어 프리카세	P. 055

- **파프리카**

돼지고기 바스크	P. 034

- **비트**

보르시치	P. 116

- **피망**

돼지고기 바스크	P. 034
피망 파르시	P. 100

- **루바브**

루바브와 딸기 조림	P. 108

- **양상추**

닭가슴살과 양상추 레몬 크림 조림	P. 038
양상추 파르시	P. 092

- **연근**

닭 간 레드 와인 조림	P. 052

- **백합근**

가리비 관자와 백합근 프리카세	P. 076

버섯류

- **새송이버섯**

새우와 감자 토마토 크림 조림	P. 062
버섯과 닭가슴살 크림 조림	P. 088

- **표고버섯**

돼지고기말이와 버섯 조림	P. 024
버섯과 닭가슴살 크림 조림	P. 088

- **만가닥버섯**

돼지고기말이와 버섯 조림	P. 024
버섯과 닭가슴살 크림 조림	P. 088

- **잎새버섯**

우엉과 얇게 저민 소고기 레드 와인 조림	P. 098

- **양송이버섯**

닭다리 레드 와인 조림	P. 031
비프 스트로가노프	P. 044
해산물 프리카세	P. 066
버섯과 닭가슴살 크림 조림	P. 088
파와 양송이의 그리스풍 와인 조림	P. 105

감자류

- **고구마**

고구마 레몬 크림 조림	P. 105

- **감자**

소시지와 감자의 올리브 레몬 소스 조림	P. 049
새우와 감자 토마토 크림 조림	P. 062
청완두와 고기 완자 조림	P. 094
피망 파르시	P. 100
굴라쉬	P. 120
감자와 대구, 파가 들어간 수프	P. 121

콩류

- **흰 강낭콩**

흰 강낭콩과 소시지 화이트 와인 조림	P. 090

- **병아리 콩**

호박과 돼지고기, 병아리콩 조림	P. 095

- **렌틸콩**

렌틸콩 베이컨 수프	P. 118

FRANCEJIN GA SUKINA 3SHU NO KARUI NIKOMI
© 2017, Junko Ueda
Korean translation rights arranged with Seibundo Shinkosha Publishing Co., Ltd.
through Japan UNI Agency, Inc., Tokyo and Botong Agency, Gyeonggi-do

이 책의 한국어판 저작권은 Botong Agency를 통해 저작권자와 독점 계약한 윌컴퍼니가 소유합니다.
저작권법에 의하여 한국 내에서 보호를 받는 저작물이므로 무단전재와 무단복제를 금합니다.

Staff

촬영 · 新居明子
북디자인 · 福間優子
스타일링 · 花沢理恵
프랑스어 번역 · Adélaïde GRALL / Juli ROUMET
교정 · ヴェリタ
편집 · 飯村いずみ
조리 어시스턴트 · 大溝睦子

건강한 요리, 우아한 식탁
프랑스 가정식 조림요리
부드럽고 농후한 맛의 프랑스식 조림요리 65

초판 1쇄 발행 | 2025년 8월 27일
지은이 | 우에다 쥰코
옮긴이 | 김진아
펴낸곳 | 윌스타일
펴낸이 | 김화수
출판등록 | 제2019-000052호
전화 | 02-725-9597
팩스 | 02-725-0312
이메일 | willcompanybook@naver.com
ISBN | 979-11-85676-83-8   13590

* 잘못 만들어지거나 파손된 책은 구입하신 곳에서 바꿔드립니다.